幼儿体育活动全攻略

——幼儿园单元式体育活动及其应用

杜锦绣　主编

中国言实出版社

图书在版编目（CIP）数据

幼儿体育活动全攻略：幼儿园单元式体育活动及
其应用 / 杜锦绣主编. -- 北京：中国言实出版社，
2024. 12. -- ISBN 978-7-5171-5006-0

Ⅰ . G613.7

中国国家版本馆 CIP 数据核字第 2024YD5445 号

幼儿体育活动全攻略：幼儿园单元式体育活动及其应用

责任编辑：史会美
责任校对：王君宁

出版发行：中国言实出版社

　　　　　地　　址：北京市朝阳区北苑路180号加利大厦5号楼105室
　　　　　邮　　编：100101
　　　　　编辑部：北京市海淀区花园北路35号院9号楼302室
　　　　　邮　　编：100083
　　　　　电　　话：010-64924853（总编室）　　010-64924716（发行部）
　　　　　网　　址：www.zgyscbs.cn　　电子邮箱：zgyscbs@263.net

经　　销：新华书店
印　　刷：廊坊市印艺阁数字科技有限公司
版　　次：2025年5月第1版　　2025年5月第1次印刷
规　　格：710毫米×1000毫米　　1/16　　12印张
字　　数：174千字

定　　价：70.00元
书　　号：ISBN 978-7-5171-5006-0

编委会名单

主　编：杜锦绣

副主编：王燕琴　孙佰刚

编　委：张瑞榆　杨思琪　江　欢　杨志芬　梁朵朵

　　　　李　嘉　刘　琴　余纪圆　周　敏

序 言

PREFACE

在幼儿教育这方广阔天地中，体育教育占据着举足轻重的地位，其重要性不可小觑。它不仅直接关系到孩子们身体的健康发育，更是促进他们心智发展、培养社交能力的关键渠道。由深圳市宝安区机关幼儿园（集团）总园长、深圳市幼教兼职督学杜锦绣女士主编的这本《幼儿体育活动全攻略：幼儿园单元式体育活动及其应用》，正是基于这样全面且深刻的理念，为幼儿教育工作者以及家长精心打造了一套系统、科学且极具实践性的体育教育方案。

该书以"单元式活动"作为核心架构，以时间跨度为参照，将体育活动细致划分为大、小单元：每月设定为一个大单元，每1至2周构成一个小单元。每个大单元紧密围绕力量、平衡、协调、柔韧这四类对幼儿身体发展至关重要的运动素质展开规划，确定走、跑、钻、滚、爬等关键动作。同时，借助精心构建的运动素质动作资源库，把这些关键动作进一步拆解为丰富多样、各具特色的具体动作，并巧妙地融入以周为单位的小单元活动中。例如，在培养力量素质方面，教师可设计让孩子们搬运轻质物品的趣味游戏，在模拟日常生活劳动场景的过程中，有效锻炼他们的手臂与腿部力量；针对平衡素质的提升，在地面设置直线或曲线的行走路径，引导孩子们沿着路线行走，逐步增强身体平衡感；为培养协调素质，组织孩子们进行手脚并用的爬行游戏，促使身体各部位协同运作；对于柔韧素质的锻炼，开展简单安全的拉伸活动，如伸展手臂、弯腰触摸脚尖等，帮助孩子们舒展身体。通过这种结构化设计，孩子们能够在循序渐进的过程中稳步掌握运动技能，教师也得以更有针对性地组织和引导活动，确保每个孩子都能在轻松愉悦的氛围中充分发展身体能力，尽情享受运动带来的乐趣。

此外，该书着重强调体育教育的多样性与包容性。通过丰富多元的活动设计和灵活多变的组织形式，教师能够依据每个孩子独特的兴趣爱好和能力水平实施个性化指导，真正做到因材施教。书中还配备了大量翔实、生动且具有实际操作性的实践案例与活动建议，从活动前的场地布置、器材准备，到活动中的引导方法、安全保障，再到活动后的总结反馈，都给出了细致入微的说明，助力教育工作者在实际教学中更好地运用这些理念与方法。

我们满怀信心地相信，该书对于幼儿教育工作者更加高效地开展体育活动会有所帮助和启发，助力孩子们在运动中茁壮成长，培育他们终身热爱运动的良好习惯。衷心期望这本书能够成为每一位幼儿教育工作者的得力助手，为孩子们的未来筑牢坚实根基，让体育教育在幼儿成长过程中发挥出更大的价值。

霍力岩

北京师范大学教育学部教授、博士生导师

目 录

CONTENTS

第一编　单元式体育活动概述

第一章　概述

第一节　缘起、革新与成效

一、研究缘起

（一）理念困局："重智轻体"的教育理念导致"育体"与"育人"割裂

"不让幼儿输在起跑线上"始终受广大家长和幼儿园管理者的推崇，容易在幼儿教育过程中形成"重智轻体"的教育倾向和选择（李芳菲，2020），但科学研究也早已证实过度强调智力开发，容易导致幼儿缺乏社交能力和创造力、心理压力增加，忽视身体素质培养还可能导致肥胖、近视等健康问题（龚海培等，2020）。儿童的基本动作技能发展敏感期为3—10岁，需要教授、学习、不断练习才能熟练掌握（Barnett et al.，2016）。幼儿发展平衡能力的最佳年龄是3—4.5岁，发展力量与持久力的最佳年龄是4.5—6岁，3—6岁均是灵敏及协调能力发展的敏感期（庄弼等，2019）。《"健康中国2030"规划纲要》提出实施健康儿童计划目标，鼓励幼儿通过体育锻炼强化早期发展，以全面提高全民身体素质。同时，体育还具有跨领域的育人功能：一是促学育智；二是健心养德（徐剑等，2022），将"育体"与"育人"结合，有利于改变大众和幼儿园管理者对以体育人价值片面性的认识。抓住幼儿动作能力发展关键期，对于建设体育强国、健康中国，意义重大。

（二）现实难题：幼儿的体质健康问题变得日益严峻

罗昆山（2018）通过对全国30万幼儿进行专业的体质检测与数据分析，表明我国3—6岁幼儿在投掷测试、跳跃测试、平衡测试不合格率均超过20%，且有67.3%的幼儿不能很好地掌握各类动作能力。刘金富等人（2016）的研究发现幼儿在幼儿园的身体活动，静态性活动偏多，中等到大强度的身体活动不够充分。幼儿园专业体育教师也十分匮乏，幼儿体育活动主要由带班教师自行安排决定（李芳菲，2020）。由于男女教师比例严重失调，女教师占比高达97%，难以保障幼儿在幼儿园的体育活动开展和锻炼效果（徐剑等，2022）。另外，幼儿园过分注重"安全教育"，也致使幼儿园体育活动的时间和实施质量得不到保证。幼儿活动量普遍不足，导致幼儿体质发展不平衡，幼儿潜在超重肥胖风险加大（王凯珍等，2020）。

（三）课程窘境：幼儿体育课程体系缺乏科学化和规范化设计

2016年6月，《全民健身计划（2016—2020年）》首次以政策文件形式提出"幼儿体育"这一基本概念。2020年7月，中央全面深化改革委员会第十三次会议审议通过了《关于深化体教融合　促进青少年健康发展的意见》，指出要加强学校体育工作，树立健康第一的教育理念，面向全体学生，开齐开足体育课，帮助学生在体育锻炼中享受乐趣、增强体质、健全人格、锤炼意志。体教融合的源头在幼儿阶段，从幼儿时期开始进行体育教育非常必要（童甜甜，2021）。目前，体育课程在初等和中等教育阶段已形成较为完整的育人体系，但由于学前教育未纳入义务教育阶段，导致幼儿体育课程基础十分薄弱。国内多数幼儿园采取游戏中附带运动的策略，不会以运动为核心来设计游戏；幼儿园过于注重安全，幼儿专项体育运动课程未受到应有的重视和开发（李芳菲，2020）。幼儿园缺乏体育活动内容指引，体育活动小学化情况严重，幼儿体育活动评价手段单调（庄弼等，2019）。因此，根据《3—6岁儿童学习与发展指南》的要求，为科学引领幼儿体育活动开展，构建一套符合幼儿身心发展规律、涵盖"目标—内容—实施—评价"4个子系统的幼儿体育课程体系十分有必要。

二、革新与成效

（一）研究问题

幼儿体育活动的开展，主要面临三个方面的问题。一是如何转变"重智轻体"的教育观念，突出幼儿体育"野蛮其体魄"和"文明其精神"的双重价值取向？二是如何在内容上实现系统连贯，提高幼儿体育活动的规范性和科学性？三是如何在幼儿体育活动趣味性前提下，保证适宜的运动负荷和效果？

（二）研究过程与方法

（1）课题引领。

围绕幼儿体育活动建设的关键问题，以课题为抓手，坚持问题导向，将体育教育教学中的困惑转化为研究重点，联合高校专家、体育学会和骨干教师教研团队，开展 2 轮行动研究。宝安区"十二五"规划立项课题"单元式体育活动促进幼儿身体健康和体能发展的研究"通过采用实验法和案例分析法，旨在探讨单元式体育活动如何有效提高幼儿的身体素质；深圳市级课题"以单元式体育活动为主线的幼儿体育课程研究"是以单元式体育活动为基本内容框架，探讨构建一套科学规范的幼儿体育活动体系。

（2）内容完善。

目前，单元式体育活动经过实践打磨和完善，已经形成"层次化"目标、"结构化"内容、"多样化"实施和"多元化"评价，其中前两者以活动大纲、活动方案的创编为主要目标，后两者则强调实施过程的科学性与评价方式的客观性、标准性。在理论指导、实践应用、反馈调整的系统循环中，单元式体育活动能够满足 3—6 岁各年龄阶段幼儿适宜性的发展需求。

（三）研究意义

1. 幼儿在单元式体育活动中全面成长

（1）幼儿身体素质获得全面提升。单元式体育活动通过针对性的运动和活动设计，强调运动技能的逐步学习和掌握，帮助幼儿建立正确的运动习惯和姿势，提高身体的灵敏度、协调性、肌肉力量和柔韧性。2022 年国民体质测查数据显示，幼儿在身高、体重、10 米往返跑、立定跳远、网球投掷、双脚连续跳、坐位体前屈、走平衡木 8 个项目的达标率为 99.6%，优秀率达 60.8%，高于全市、全区优秀率，有效验证了单元式体育活动的效果和实施质量。

（2）幼儿运动兴趣和潜力得到有效挖掘。深圳市宝安区机关幼儿园幼儿参加全国幼儿体育趣味赛共计 241 人次，参加幼儿体能展示赛获奖 30 人次。幼儿体操队参加深圳市少年儿童体操锦标赛并获团队二等奖；幼儿足球队参加园际足球赛取得冠军 2 场。幼儿毕业生进入海韵、宝安小学后，积极参加各种体育类社团活动，并在全国青少年足球 U8 冠军邀请赛、广东省健美操锦标赛、深圳市学生体育竞赛等赛事中获奖。2014 届毕业生孙杨，幼儿园大班期间被宝安体校乒乓球主教练张超发现并重点培养；在 2023 年世界青少年乒乓球锦标赛中，孙杨斩获男子团体冠军、男子单打冠军和混合双打亚军，为中国队夺得 2 金、1 银。目前，该园是深圳市宝安区体育科学学会幼儿足球、幼儿体操队种子选手基地。

2. 教师在单元式体育活动中能力提升

集团化办学以来，该园作为宝安区集团核心园和联盟领衔园，培养了大批既熟知幼儿发展规律又掌握体育教学理论的优秀体育教师，每学期不间断外派专职教师 70 人次，将单元式体育优质课程资源辐射到周边其他园所，扩大优质资源覆盖面，提高区域学前教育保教水平。同时，已面向全区超过 200 名教师开展体育教研现场展示活动，培育了一批幼儿体育活动原创课例。单元式体育活动建设和课题研究相结合，显著提升了教师的教学科研能力和水平。目前，该园深圳市高层次人才 1 人、宝安区高层次人才 1 人、深圳市"苗圃工程"骨干教师 1 人、深圳市"苗圃工程"教坛新秀 2 人、南粤优秀教师 2 人、宝安区教育系统"名师工程"名师 1 人、宝安区教育系统"名师工程"中青年骨干教师 1 人。教师获市、区各类教学奖 166 人次，在各类论文评比中获奖 95 人次，其中，省级论文二等奖 1 项，市级论文二等奖 1 项。

3. 园所在单元式体育活动中内涵发展

经过多年单元式体育建设，该园的体育课程体系更加完善、幼儿身体素质明显提高、教师专业素养提升、家园共育成果显著。目前，该园被评为首批深圳市优质特色示范幼儿园、宝安区首批幼儿足球试点园、全国幼儿体育趣味赛试点园，获广东省幼儿园特色建设二等奖，并承办宝安区首届"多彩童年足球欢乐汇"活动。参与宝安区课程改革成果展示活动，并被《南方日报》、宝安教育在线等多家媒体宣传报道。在深圳市教育学会学前教育专业委员会、宝安区教育科学研究院牵头下，该园资源辐射和专业引领方面的成果显著，已面向云贵川、港澳台、东南亚地区的教师开展单元式体育活动观摩活动 71 场，参加人次累计 4024 人。在幼儿园科研方面，围绕单元式体育活动建设，该园获市级课题 1 项，区级课题 1 项，编写专著 3 本，已构建出可借鉴、可复制、可推广的幼儿园体育示范标杆课程。

单元式体育活动作为一种新型幼儿体育运动方式，呈现出广泛的应用前景和潜力。在未来的建设中，单元式体育活动将致力于进一步融入社区和家庭，重视多元和个性化学习，为下一次成果的深入推进和挖掘奠定良好的基础。

第二节　内涵、特征和理论依据

一、内涵

（一）动作

动作是指在一定的时空范围中，肢体、肌肉、骨骼、关节协同活动的模式。动作是人类最基本，也是最重要的发展领域，是主体能动性的基本表现形式。幼儿的语言和行为能力尚处于发育阶段，动作是个体与环境进行有效互动的基本手段。幼儿通过肢体动作了解身边的事物，探索和学习外部世界，表达自己的情感和意志。正如著名心理学家让·皮亚杰所说："儿童的智力起源于动作。"

动作的分类方法很多，一般从运动时间、运动环境、运动功能以及肌肉参与等 4 个方面进行分类。根据肌肉的参与情况，可将动作分为大肌肉运动和小肌肉运动。根据运动的功能可将动作分为稳定性技能（stability task）、移动性技能（locomotor task）和操控性技能（manipulative task）三种。稳定性技能是指保持和获得稳定的身体定向的能力，主要强调的是维持身体的静态和动态平衡，如单脚站立、走平衡木、旋转、支撑等动作。移动性技能是指身体从一个地方移动到另一个地方的能力，如走、跑、跳、钻、爬等动作。操控性动作需较多小肌肉群参与，但对于学前儿童，主要以发展大肌肉群动作为主，因此操控性动作技能在幼儿阶段还属于大肌肉动作发展的范畴。操控性技能是指对某些器械发生相互作用力的技能，侧重于对各类器械的操控能力，常见的技能有投掷、篮球运球、踢球等。

动作虽然被划分为稳定性、移动性和操控性三种，但在具体的活动中，单独的运动类别很难独立发生，为了研究方便才做以上划分。操控性运动发展最慢，趣味性最强。移动性运动中的走、跑、跳、钻、爬和攀登是幼儿的基本动作，在体育活动、户外活动、日常活动中广泛使用。移动性运动技能和稳定性运动技能协同发展。个体必须首先能够保持身体姿势的稳定才能进行更加精细、复杂的运动模式。稳定能力特别强调平衡，在人类的动作发展中，平衡能力被视为发展任何动作前非常重要的技能。

幼儿时期发展平衡能力尤为重要。幼儿在1岁左右开始行走时，多是同侧脚和手的移动，为了维持身体平衡，往往要将双臂外展并屈肘，是试探性的平衡动作阶段；2—3岁时，走、跑的速度不快，易摔倒，不易保持平衡；3—4岁时，走、跑，跳或遇到障碍物时，基本可以保持平衡，但跳跃落地、急停、转弯、快跑时常常摔倒，不能很好地保持平衡；5—6岁时，神经系统发育相对成熟了，可以比较自如地在平衡木上做高难度的动作，这个时期发展平衡能力效果最为显著。

（二）动作发展阶段

根据动作模式的难度和获得的阶段性，人类动作发展划分为六个阶段：反射期（出生到两周）、预先适应期（两周到1岁）、基本动作技能（1—7岁）、专项运动技能（7—11岁）、技能熟练（11岁以后）和代偿期（年老或因伤、病，原有动作技能丧失，动作发展进入代偿期）。每一个时期都建立在前一个时期发展的基础上。反射期和预先适应期的动作发展，主要受机体成熟因素影响。基本动作技能受成熟因素制约较小，主要通过学习获得，后天的环境和训练在儿童早期的动作发展中起决定作用。基本动作技能是专项动作发展的基础，如果基本动作技能出现缺失或改变，将阻碍下一阶段专项运动技能的学习。

幼儿阶段是基本动作技能形成和发展的关键期、敏感期。基本动作技能主要以大肌肉动作发展为主、小肌肉动作发展为辅，其熟练掌握是幼儿顺利完成日常生活、学习和游戏的前提，是日后习得复杂运动技能的关键。学习论认为个体的动作必须经由学习获得，后天的环境和训练因素在儿童早期的动作发展中起决定作用。儿童自己不能自然地获得动作，环境的示范和锻炼决定了儿童选择发展哪些动作，以及这些动作发展的水平、顺序和时间表。因此，在身体成熟的前提下，提供必要的刺激与经验，干预动作发展的速度、水平以及顺序和倾向等，对个体的动作发展具有重要的促进作用。

（三）动作发展顺序

我国心理学家朱智贤把人类个体的动作发展序列的规律概括为整分原则、首尾原则和大小原则。整分原则即个体最早对刺激做出的动作反应是整体性的，然后逐渐分化。首尾原则即个体最初发展的是头部的动作；其次是躯干和上肢部分的动作；最后是下肢的动作。大小原则即个体的大肌肉动作先发展起来并发挥重要作用，以后是小肌肉动作日渐完善。大肌肉动作发展为个体整个动作的发展奠定了基础，当大肌肉动作发展起来并能够发挥重要作用后，手部的小肌肉动作才会日益发展完善。

幼儿基本动作技能呈现阶梯式发展特征。2—3岁为初始阶段，表现为行走与奔跑速度缓慢、动态平衡能力薄弱易摔倒，处于跳跃能力发展初期（柳倩等，2016），能完成踢球和挥击等简单动作但肢体协调性不足。4—5岁进入基础发展阶段，动作协调性、稳定性和控制力显著提升，注意力可有效分配至姿势调控（Isabelle et al., 2008），逐步形成规范步行姿态，具备队列行进与定向移动能力，奔跑稳定性及跳跃技能快速发展（Gallahue, 2012），但复杂动作仍存在局限。至6—7岁成熟阶段，幼儿已能掌握高平衡要求的动作技能（柳倩等，2016），走跑模式趋近成人运动特征（童甜甜，2021）。

（四）动作教育

动作教育，顾名思义，就是以"动作"为主的身体活动的教育。这里的"动作"不是简单的身体活动，而是有基本理论支撑的身体活动。0—6岁期间幼儿教师遵循运动模式发展规律，让儿童充分适宜地运动，对于其入学后写字、阅读、注意力集中等精细动作和学习品质的发展，具有深远影响。动作教育的重要意义在于发展幼儿的潜力，使之在多指向的运动环境中，能全面熟练地进行运动，以动作的方式表达、探索、发展和解释自我，促进身心和谐发展。

动作教育源自鲁道夫·冯·拉班（Rudolph Von Laban）提出的拉班动作分析（Laban Movement Analysis）理论，主要包含动作概念的四个框架，即：身体（Body）、力效（Effort）、空间（Space）和形塑（Shape）。该理论的核心观点是通过由心到身、由内而外自然发生的动作及其规律，来达到对成长者天性的启发、创造力的培养与身心磨炼的目的。较之于技能训练，动作教育倾向于人的性格和道德品质的素质培养。身体，即"身体以什么方式移动"，是指身体全身或各个部分以伸展、弯曲、扭转、翻滚等方式移动和保持平衡。力效，即"身体怎样运动"，是描述身体运动快或慢，力量强或弱。空间，即"身体在哪里运动"，是指运动所需要的空间大小和运动方向，如向前、向后、向两侧运动。形塑，即"与谁一起运动"，描述个体与他人、环境和物的关系，强调如何塑造身体外部形态以适应环境。

（五）单元

已有研究表明，成人有针对性的干预，比如提供高质量的环境、选择适宜的体育内容和采取高效的学前教学方法，可以提升幼儿的运动经验（阿彻 & 西拉杰，2020）。单元式体育活动中的"单元"以时间跨度为参照点，通常以每个月为一个大单元，每一到两个星期为一个小单元，大单元会基于力量、平衡、协调、柔韧四类运动素质，确定走、跑、钻、滚、爬等关键动作，教师基于运动素质动作资源库将关键动作拆分为不同类型的具体动作，融入以周为单位的小单元。具体实施中，教师会根据幼儿运动水平和身心发展特点，提供不同趣味的运动主题，通过生动的游戏情境、多样的器械玩法、适宜的难度挑战、持续的师幼对话，让幼儿爱上运动。

二、主要特征

（一）本质是动作教育

单元式体育活动着重强调两点：（1）学习运动，是指学习基本的动作能力，如稳定性技能、移动性技能、操作性技能，知道身体活动是什么和怎样进行；（2）通过运动学习，是指以身体运动为方式或手段，促进幼儿身体机能和运动机能的协调发展，促进身体意识、知觉能力、空间概念的发展，发展自我概念与同伴关系，增强意志，提升自信和表达能力等。动作教育的内容由单纯动作模式的掌握到动作和概念的结合再到游戏、球类、武术等具体项目，层层推进，螺旋式上升。

（二）强调动作准确在先，主张先学后练

体育活动如果只强调发展幼儿身体素质，单纯追求体能提高，不注重动作的正确性，那么并不能真正提高体能。用不正确的动作锻炼身体，容易造成运动损伤；用不正确的动作运动还会让幼儿产生错误的感知觉，不利于动作纠正。动作发展好的幼儿参与体育活动的积极性更高，动作发展不好的幼儿在参与体育活动时会遇到更多的挫折，长此以往，不利于幼儿身心发展。

（三）联合结构化和非结构化活动两种组织形式

结构化活动是正式、严谨的内容，活动时间有限。如何在有限的时间内创造出最大的户外活动效率，这就需要优化幼儿体育活动设计，合理分配体育活动各个环节的任务与时间。结构化活动的主要任务是锻炼身体而不是学习动作的要领，要领的掌握放在非结构化活动中。非结构化户外体育活动形式松散，教师可采取同质分组、异质分组、友伴分组等各种方法，因材施教，采用互动式学习、体验式学习、尝试式学习、自主式学习、探究式学习等方式，帮助幼儿进行动作学习。"学""练"分开的活动组织形式能充分利用好时间与空间这两大因素，使儿童享有最大的发展和选择机会，最大限度地解放他们的身体与心灵。

（四）单元是创新体育活动内容和方式的基本载体

单元的核心是过程的完整、系统和联通。"123-N"活动模式的内涵：动作教育的逻辑顺序为先经过 N 次体育活动"学""动作"，待幼儿掌握正确的动作模式后，再开展 2 次结构化的体育活动"练""动作"，让幼儿在运动负荷适宜中获得全面发展。

三、理论依据

（一）关键期理论

关键期指对特定技能或行为模式的发展最敏感的时期或者做准备的时期，个体发育过程中的某些行为在适当环境刺激下才会出现的时期。如果在这个时期缺少适当的环境刺激，这种行为便不会再产生。

关键期源于洛伦茨 1935 年所发表的《鸟的环境世界的伙伴》一文中提出的"印刻"概念。印刻发生的特定时刻为关键期，并且生物对印刻的对象不会忘记，同时对被印刻的对象医生产生深远影响，这种印刻的发生具有非强制性，是客体自发的行为。后来，心理学家将这类研究借用到儿童早期发展的研究中，提出了儿童心理发展的关键期问题，比如动作发展关键期、语言发展关键期、感官发展关键期等。

（二）动态系统理论

动态系统理论（Dynamic System Theory，DST）表明动作发展是一个动态过程，运动技能表现受到包括个人、任务和环境等动态化因素的影响。根据动态系统理论可知，运动能力是非线性的、动态的，具体取决于内部和外部因素以及多个子系统的共同影响。由于受到关键要素及其相互作用的影响不同，所以每个人所体验和表现的运动技能发展水平也会有所不同。

纽威尔（Newell）的约束模型建议：要理解个体如何动作并随着时间的推移而发展，不仅要考虑动作者（个体），而且同时要考虑环境和任务（Newell，1984；1986；2000）。个体、环境、专门的任务经常动态地交互作用，每个变化特征都可能被其他正在发生的变化影响。由此可以看出，影响人的动作发展受到遗传、社会、环境、后天教育等多种因素的影响。目前我国幼儿动作发展的研究还处于初步的和带有一定经验推测性质的阶段，尚缺乏科学和严谨的实证研究，但已有研究表明，活动内容贴合幼儿发展实际，采用针对性和实效性的教学方法，体育教学可以有效促进幼儿动作发展（王占春等，1986；陈冬华，2004）。

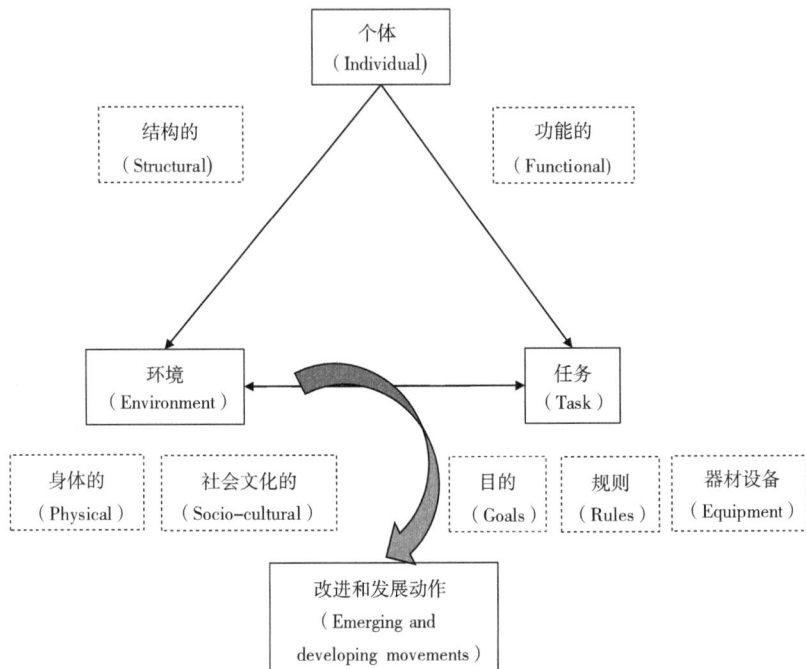

图1-1　纽威尔的约束模型在动作发展中的应用（1984）

第三节　单元式体育活动的要素

一、基本运动技能

幼儿运动中常见的基本运动技能包括稳定性技能、移动性技能和操控性技能，稳定性技能强调保持平衡和跨越物体时保持姿势稳定，包括坐立、弯腰、站立、起立、单脚站立、保持平衡站立、走平衡木等；移动性技能侧重从一个位置移动到另一个位置，包括腹部着地爬行、四肢爬行、攀爬、行走、跑动、停止、跳跃、蹦跳、单脚跳、双脚跳、快步跑、跳高、跳上跳下、攀登、跨过障碍、跨越跳、交叉跳、躲避、钻行、滑行、游泳等；操控性技能需要对物体施加作用，包括抓住、捏住、松开、抛掷、扔出、踢、击打、扎刺、敲打、揪住、撑住、划动等。随着3—6岁幼儿运动技能获得逐步提升，他们的身体识别和空间认知能力也同时获得发展，幼儿能够理解身体与方向、位置的关系（上下、左右、高低等），能够认识身体各部分并理解身体如何运动和处于何种姿势（前桥明 等，2022）。

二、运动素质和关键动作

依照三种基本运动技能，提炼出单元式体育活动的四类运动素质：力量、平衡、协调和柔韧。每类运动素质包括不同的关键动作。为了便于幼儿教师理解和实施，每种关键动作又可分为多种具体动作。以"协调"素质为例，关键动作包括走、跑、跳、爬、钻、投掷等。其中，"走"涵盖的具体动作有：向前走、向后走、侧身走等；"跑"涵盖的具体动作有：转身跑、四散跑、快跑、持物跑、躲闪跑、走跑交替、折返跑等；"跳"涵盖的具体动作有：开合跳、行进跳、转圈跳、夹物跳、助跑跨跳、左右跳、踏上跳下等。幼儿教师在组织单元式体育活动时，应结合幼儿年龄特点，基于不同主题和情境，选择适宜的动作内容。

三、幼儿体育指导教师

单元式体育活动中，幼儿体育指导教师是"良好的（技术）指导者""良好的理解者"和"良好的助威团"。

首先，幼儿教师在指导过程中需要了解幼儿的成长、发育，以及幼儿在不同成长时期的健康状况。其次，教师自身也要提前熟练掌握运动的专业知识和技巧，比如内容选择、动作口令、正确的动作示范等。最重要的是，幼儿阶段自我意识开始萌发，教师需通过观察、倾听，使用面部表情、肢体接触等手段，掌握好师幼沟通的技巧，以正面反馈的方式支持幼儿参与运动的兴趣和热情，让幼儿学会运动、爱上运动、享受运动。

四、活动案例

基于单元式体育活动前瞻性的理念与视角，在选择和组织体育内容时，教师能够充分考虑幼儿的年龄特点和发育、发展水平，也因此能够更科学地设计与实践体育活动。单元式体育活动案例主要由名称、目标、准备、过程、场地器械图五个部分组成，涵盖活动实施的基本方式和策略，呈现如何通过游戏调动幼儿多维感官，材料和玩法更加多元，能够依照幼儿个体差异调整方案，在保证趣味性、游戏性的同时，最大限度保障幼儿的运动安全。

第二编　运动素质与关键动作

第二章 素质一：力量

力量素质，是指人体神经肌肉系统在工作过程中克服或抵抗外部阻力的能力，涵盖上肢与下肢力量两个方面。上肢力量指幼儿一次能够施加或举起的最大负荷，可通过搬运重物、投掷练习、抛接游戏以及悬垂等活动得到有效增强。下肢力量则指幼儿下肢肌肉在活动时克服阻力的能力，能通过跑步、跳跃、攀爬等多种活动得到锻炼和发展。鉴于幼儿的生理与年龄特点，运动时间应控制在适宜范围内，避免过度疲劳。因此，教师在设计相关活动时，需根据幼儿当前的体力状况，灵活调整活动时长，并巧妙融入趣味性强、易模仿的游戏元素，如"猴子摘桃""炸碉堡"和"袋鼠接力"等，激发幼儿的运动兴趣，促进其力量素质的发展。

表 2-1 3—4 岁幼儿力量素质动作资源库

运动素质	关键动作	具体动作	具体动作分解	锻炼目的	活动器械	活动形式	活动参考
力量	走	侧身行走	双脚脚尖朝前,侧身移动。移动时,眼睛看脚尖位置,往哪个方向移动就哪只脚先动	有效提高幼儿腿部外侧力量,预防下肢体态问题（内八字）	1. 雪糕筒 2. 塑胶矮平衡木 3. 小方块垫 4. 万能工匠 5. 粗麻绳 6. 竹梯 7. 报纸棒	集体分组	1. 小螃蟹回家 2. 我能走得稳
		定向直线走	双脚脚尖朝前,向前走动。走动时,异侧手脚同时摆动,眼睛注视正前方	有效提高幼儿手脚协调能力,预防下肢体态问题(内、外八字）	1. 玩具雪糕筒 2. 篮球架筐 3. 小推车 4. 呼啦圈 5. 积木块 6. 幼儿感兴趣的标志物 7. 粗麻绳 8. 平衡木 9. 万能工匠 10. 体操绳	集体体能游戏	1. 朋友总是一起走 2. 看谁走得直 3. 快乐的毛毛虫

续表

运动素质	关键动作	具体动作	具体动作分解	锻炼目的	活动器械	活动形式	活动参考
力量	走	倒退行走	双脚脚尖朝前，向后倒退走动，走动时，异侧手脚同时摆动，眼睛注视脚尖位置	有效提高幼儿手脚协调、平衡能力，预防下肢体态问题（内、外八字）	1. 毯子 2. 娃娃 3. 砖块 4. 呼啦圈 5. 小地垫 6. 雪糕筒 7. 万能工匠 8. 竹梯	体能游戏	1. 小松鼠忙运砖 2. 拉着小动物去散步 3. 倒车
		跨步走	双脚脚尖朝前，向前跨一大步，走动时，异侧手脚同时摆动，眼睛注视正前方	有效提高幼儿下肢力量、身体平衡感	1. 乌龟壳 2. 旋转盘 3. 呼啦圈 4. 正方形地垫 5. 小砖块 6. 积木块 7. 跨栏 8. 轮胎 9. 格子梯 10. 雪糕筒组合 11. 波浪过河石 12. 报纸棒	体能游戏	踩石头过河
		鸭子走	身体下蹲，双手可接触地面，左右脚依次先向前行走，手臂可辅助平衡及发力	有效提高幼儿腿部力量	1. 跑道 2. 麻绳 3. 垫子	体能游戏	小鸭子抓鲤鱼
	跳	原地并腿跳	自然站立姿势，双脚并拢，背部挺直，眼睛注视正前方，双脚连续向上跳，跳跃过程中脚跟微微离开地面	有效提高幼儿足踝稳定性及力量等	1. 水管立杆 2. 绳子 3. 玩具 4. 地垫 5. 呼啦圈 6. 体操绳	集体	你能跳多高

运动素质	关键动作	具体动作	具体动作分解	锻炼目的	活动器械	活动形式	活动参考
力量	跳	立定跳远	双脚与肩同宽，下蹲时手臂摆动至身后，眼睛注视前方；起跳时，手由后至前摆动；落地时，双脚同时落地，膝盖微屈即可	有效提高幼儿手脚协调、腿部力量等	1. 呼啦圈 2. 塑胶矮平衡木 3. 垫子 4. 小砖块 5. 报纸棒 6. 粗麻绳 7. 迷你绳	集体体能游戏	1. 小青蛙跳 2. 小兔过河
		平板支撑跳	双手、双脚与肩同宽，身体与地面平行，双脚跳至腹下，随后再跳回原来位置，眼睛注视距离手25厘米处	有效提高幼儿手臂力量	1. 呼啦圈 2. 粗麻绳 3. 报纸棒	集体	1. 寻找呼啦圈 2. 小鱼尾巴摇一摇
	爬	定向婴儿爬	双手、双脚与肩同宽，两膝着地，异侧手、脚、膝同时向前爬行，眼睛注视指定方向	有效刺激幼儿前庭觉的发展、提高手脚协调能力和力量素质	1. 垫子 2. 小皮球 3. 呼啦圈 4. 彩虹伞 5. 毛毛虫爬行隧道 6. 溜溜布 7. 纸皮风火轮 8. 拱桥 9. 大滚筒	体能游戏	1. 乌龟爬爬 2. 我用身体来运球 3. 小刺猬的收获
		定向四肢爬	双手、双脚与肩同宽，两膝不触地，异侧手、脚同时向前爬行，眼睛注视指定方向	有效刺激幼儿前庭觉的发展、提高手脚协调能力和力量素质	1. 塑胶平衡木 2. 小沙包 3. 垫子 4. 呼啦圈 5. 万能工匠 6. 小砖块 7. 报纸棒 8. 格子梯 9. 小乌龟壳背 10. 旋转盘	集体体能游戏	1. 小螃蟹运果子 2. 猴子爬 3. 猴子抢果子

表 2-2　4—5 岁幼儿力量素质动作资源库

运动素质	关键动作	具体动作	具体动作分解	锻炼目的	活动器械	活动形式	活动参考
力量	跑	标准站立式起跑	左脚在前,右脚在后,前后脚站立；左右脚膝盖弯曲约120°,右脚跟离开地面；右手在前,左手在后,手肘弯曲约90°,手掌半握拳；眼睛直视前方约45°角位置	规范幼儿起跑动作,提高幼儿起跑速度及反应能力等	1.报纸棒 2.起跑线	集体 分组 个别练习 体能游戏	1.下雨啦 2.开飞机
		折返跑	采用站立式起跑姿势,听到指令后向指定位置跑动；跑动过程中注意双臂自然摆动,保持节奏；跑至终点时,用离标准物较近的手拍到标准物,随后转身迅速跑回起点	锻炼幼儿的心肺耐力,提高幼儿反应速度	1.雪糕筒 2.大水桶	集体 体能游戏	1.小孩小孩真爱玩 2.抢圈
	跳	波比跳	保持站姿,双脚微开,膝盖微弯,下蹲双手撑地,双脚往后跳,让身体呈现一个伏地挺身的姿势,腹部收紧,双脚蹬地向前起跳收腿至胸前,然后借助蹬地的力量向上跳起,恢复到原地站姿,接着再向上跳一下,依次重复	锻炼幼儿的核心力量和身体协调性	1.起跑线 2.垫子 3.敏捷圈	集体 个别练习	1.摘苹果 2.拍皮球
		双脚连续跳	自然站立姿势,双脚微开,背部挺直,眼睛注视正前方,双脚连续向前跳,跳跃过程中脚跟微微离开地面,前脚掌轻落地,微屈膝	有效提高幼儿足踝稳定性及力量,提升身体的平衡能力和动作节奏感	1.报纸棒 2.呼啦圈 3.木板 4.体操绳	集体 分组 个别练习 体能游戏	1.小兔跳 2.过小河
		平板支撑跳	双手、双脚与肩同宽,身体与地面平行,双脚跳至腹下,再跳回原来位置,眼睛注视距离手25厘米的位置	有效提高幼儿手臂力量	1.垫子 2.呼啦圈	集体 体能游戏	小青蛙

续表

运动素质	关键动作	具体动作	具体动作分解	锻炼目的	活动器械	活动形式	活动参考
力量	跳	支撑左右跳	双脚并拢站立，膝盖微弯下蹲，双手与肩同宽撑地，腹部收紧，以身体为中心线，双腿蹬地，脚并拢跳向身体左边，再起跳向身体的右边，依次重复向左向右跳	锻炼幼儿的手臂力量和核心力量	1.敏捷圈 2.垫子 3.平衡木	集体小组练习体能游戏	1.过小桥 2.勇敢小士兵
	爬	半倒立侧爬行	双手与肩同宽支撑于地面，将双脚放于比肩略高的支撑物上，做侧身爬行动作，往哪个方向爬行，同侧手脚就同时向该方向移动，眼睛向移动方向注视	锻炼幼儿的手臂力量、肌耐力、意志力	1.平衡木 2.跨栏	集体体能游戏个别练习	小螃蟹

表 2-3　5—6 岁幼儿力量素质动作资源库

运动素质	关键动作	具体动作	具体动作分解	锻炼目的	活动器械	活动形式	活动参考
力量	跑	蹲踞式起跑	口令 1 "各就位"：站在起跑线后面，左脚前脚掌着地，离起跑线半个脚掌宽，右脚往后移动一步做单膝下跪动作，右脚膝盖在左脚的足弓距离一个拳头的位置，双手张开虎口撑地于起跑线后沿位置，两手之间距离约两个手掌宽。口令 2 "预备"：抬起臀部，右脚膝盖稍微抬起，大小腿间距离约 90°—120°。口令 3 "跑"：起身快速摆臂往前跑	规范幼儿的起跑姿势，提高幼儿的反应速度和爆发力，锻炼幼儿的下肢力量	1.起跑线 2.雪糕筒	集体	1.往返跑 2.保卫萝卜

续表

运动素质	关键动作	具体动作	具体动作分解	锻炼目的	活动器械	活动形式	活动参考
力量	跑	支撑式起跑	准备动作是平板支撑,接着做一个类似波比跳的收腿动作并起跳,起跳后快速摆臂往前跑	锻炼幼儿的全身力量,提高幼儿的反应能力和爆发力	1.起跑线 2.垫子 3.雪糕筒	体能游戏	1.看谁跑得快 2.小兔快跑
		高抬腿跑	双脚并拢站立,抬起左脚,至膝盖与髋关节平行时往前迈一小步后落地,同时将右臂向前摆动,左脚落地瞬间,右腿快速蹬地抬腿,同时双臂快速交换摆动	提高幼儿跑步的速度、动作速度及跑步频率,锻炼幼儿的力量	1.起跑线 2.雪糕筒 3.短绳	集体个别练习	1.奔跑小马 2.弹簧小人
	跳	跳远	双脚开立与肩同宽,膝盖弯曲约90°,眼睛平视前方,双手放松自然下垂,放于大腿两侧。大腿发力向前跳跃时摆臂向上,注意要抬起大腿。落地瞬间恢复到起始动作	规范幼儿跳远动作,锻炼幼儿下肢力量和爆发力	1.垫子 2.短绳 3.平衡木 4.体操绳 5.敏捷圈	集体个别练习	1.跳圈 2.小小运动员 3.起跳板 4.袋鼠跳
		纵跳摸高	双脚开立与肩同宽,半蹲,膝盖弯曲约90°,双手放松下摆放于大腿两侧。双腿蹬地的同时向前上方摆臂,腾空时双手举过头顶,达到最高点后慢慢落地恢复准备动作	锻炼幼儿下肢力量和爆发力	1.弹床 2.双杆 3.摸高杆	集体个别练习 体能游戏	1.摘果子 2.追蝴蝶 3.摘香蕉

续表

运动素质	关键动作	具体动作	具体动作分解	锻炼目的	活动器械	活动形式	活动参考
力量	跳	支撑左右跳	双脚并拢站立，膝盖微弯下蹲，双手与肩同宽撑地，腹部收紧，以身体为中心线，双腿蹬地，脚并拢跳向身体左边，再起跳向身体的右边，依次重复向左向右跳	锻炼幼儿的上肢力量和核心力量	1. 弹床 2. 平衡球	集体个别练习	1. 小青蛙跳 2. 士兵突击
		行进间连续跳	双脚开立与肩同宽，膝盖弯曲约90°，眼睛平视前方，双手放松下摆放于大腿两侧。大腿发力向前跳跃时摆臂向上，落地时恢复到起始动作，随后快速重新摆臂起跳	锻炼幼儿的下肢力量和核心力量	1. 敏捷圈 2. 体操绳 3. 垫子 4. 竹竿	集体个别练习体能游戏	1. 跳房子 2. 小猴子大冒险
		波比跳摸高	保持站姿，双脚微开，膝盖微弯，下蹲并双手撑地，双脚往后跳，让身体呈现一个伏地挺身的姿势，腹部收紧。接着双脚蹬地向前起跳，收腿至胸前，落地后迅速站立，再连带向上快速摆臂跳起来	锻炼幼儿的上肢力量、核心力量和协调性	1. 皮筋 2. 双杆 3. 单杆 4. 弹床	集体个别练习体能游戏	1. 摘果子 2. 追蝴蝶 3. 摘香蕉
		跳上跳下	双脚开立，脚尖平行，屈膝深蹲，两臂自然向后摆动。随后两腿迅速蹬地，原地跳上一层积木。向上跳时，两臂自然向上摆动。落地时，遵循从简单到困难的原则，前脚掌先着地，然后过渡到全脚掌着地，同时屈膝屈髋，以缓冲落地的冲击力。整个过程中，动作要自然流畅	锻炼幼儿的下肢力量、核心力量和协调性	1. 积木 2. 梅花桩 3. 垫子	集体个别练习体能游戏	1. 积木真好玩 2. 小熊过河

续表

运动素质	关键动作	具体动作	具体动作分解	锻炼目的	活动器械	活动形式	活动参考
力量	跳	跳深（高度为30—35厘米）	双脚或采用交叉步的方式从箱子上跳下，落地后顺势下蹲（进行预伸展动作）。随后，双臂自然摆动，在腿部积蓄充足的力量。此时，踝关节和膝关节和髋关节同时伸展发力，借助腿部力量拔地而起，向前上方爆发式跳起	锻炼幼儿下肢力量和爆发力	1.积木 2.跳箱 3.跳台 4.双侧梯 5.攀爬台	个别练习	1.勇敢小士兵 2.森林大闯关
		助跑跨跳（能助跑跨跳平行线，跳距不少于50厘米）	向前跑动中单脚起跳，蹬地用力，方向要正，在空中瞬间形成前弓步姿态，摆腿落地	锻炼幼儿下肢力量、身体的协调性和灵敏性	1.跨栏 2.积木 3.万能工匠 4.平衡木	集体 个别练习 体能游戏	1.摘果子 2.小小运动员
		助跑屈膝跳垂直障碍	能连续向前跳跃多个高40厘米、宽15厘米的障碍，方法同助跑跨跳平行线，但助跑跨跳平行线时，侧重于向前上方跳，方向更偏向"前"；而跳垂直障碍时，前上方的方向应更侧重于"上"		1.跨栏 2.平衡木 3.垫子	个别练习	1.小马过河 2.大冒险
	爬	倒立爬行	左脚在前，右脚在后，双手举过头顶。弯腰双手与肩同宽撑地。左脚蹬地，同时右脚向上摆动，做倒立动作。教练在旁辅助，教练抓住幼儿的腿，协助幼儿做半倒立手支撑，并引导幼儿向前爬行	锻炼幼儿的上肢力量、核心力量，提高幼儿的胆量和肌耐力	1.平衡木 2.轮胎 3.竹梯	个别练习 体能游戏	1.推小车 2.小蝎子

续表

运动素质	关键动作	具体动作	具体动作分解	锻炼目的	活动器械	活动形式	活动参考
力量	支撑	平板支撑	面对地面，两只前臂向下弯曲紧贴地面，手肘和手指平放在地面。手掌需用力收紧，并放在肩膀正下方。脚趾可以微微弯曲，同时收紧腹部，感受腹部与肚脐向脊柱方向拉伸。伸直身体，但保持脖子和脊椎放松	增强核心肌群，提高幼儿的运动能力和平衡能力	1. 垫子 2. 敏捷圈	集体体能游戏	1. 捉龙虾 2. 看谁坚持得久
		侧身支撑	侧身，保持身体笔直，收紧腹肌，用手肘和小臂支撑地面，将身体撑起，身体和地面成15°夹角。另一只手臂叉腰，放置于侧腹部位置。双脚可分开或并脚着地，保持身体稳定	锻炼幼儿的核心力量，运动中负责侧屈的肌群做等长收缩来防止脊椎侧弯	1. 垫子 2. 平衡木 3. 木板	集体个别练习体能游戏	1. 灵敏的小猴子 2. 螃蟹快跑

第三章　素质二：平衡

平衡素质是指在运动过程中，个体面临失衡状态时，通过视觉、本体感觉调控肌肉以恢复并维持身体稳定的能力。幼儿平衡能力的发展，不仅依赖力量和灵敏等身体素质，还与其勇敢、沉着等心理素质相关。教师在组织活动时，要遵循由低到高、由宽到窄、由慢到快、由易到难的原则，引导和鼓励幼儿敢于挑战并完成任务。幼儿园常见的窄道行走类游戏（如平衡木）、旋转类游戏（如自转）、跳跃类游戏（如夹包跳）、对抗类平衡游戏（如双脚斗鸡）都可提高幼儿的平衡能力。但平衡练习的运动负荷较小，完成平衡练习后可进行运动负荷相对较大的练习，使体育活动保持适宜的运动量。

表 3-1　3—4 岁幼儿平衡素质动作资源库

运动素质	关键动作	具体动作	具体动作分解	锻炼目的	活动器械	活动形式	活动参考
平衡	走	平衡木直线走	将平衡木排成一排，双脚脚尖朝前，前后站立，双脚向前走，眼睛注视脚尖位置，双手侧平举	有效提高幼儿平衡性，增强前庭觉功能	1.矮平衡木 2.报纸 3.沙包	体能游戏	1.小熊过桥 2.好玩的报纸
		平衡木侧身走	将平衡木排成一排，双脚脚尖朝前，侧身移动，移动时眼睛看脚尖位置，往哪个方向移动就哪只脚先动，身体不触地	有效提高幼儿腿部外侧力量，预防下肢体态问题(内八字)	1.矮平衡木 2.绳子 3.沙包	体能游戏	1.绳子上的舞蹈 2.厉害的螃蟹
		持物走	双脚脚尖朝前，向前走动，走动时手持器械，身体保持稳定，眼睛注视正前方	有效提高幼儿平衡性、专注力，增强前庭觉功能	1.小球 2.小木棒 3.小砖块 4.呼啦圈 5.鸡蛋锻炼勺 6.小哑铃	体能游戏	1.小猪别跑 2.我是小勇士
		顶物走	双脚脚尖朝前，向前走动，走动时头顶器械，身体保持稳定，眼睛注视正前方	有效提高幼儿平衡性、专注力，增强前庭觉功能	1.垫子 2.沙包 3.小砖块 4.小网球	体能游戏	1.掉不下来 2.我是木头人

续表

运动素质	关键动作	具体动作	具体动作分解	锻炼目的	活动器械	活动形式	活动参考
平衡	走	闭目走	双脚脚尖朝前，闭目向前走动，身体保持稳定，走动时异侧手脚同时摆动	有效提高幼儿平衡性、专注力，增强前庭觉功能	1.纸袋子 2.雪糕筒组合 3.大滚筒	体能游戏	1.铃儿响叮当 2.盲人摸象
	跳	平衡半球跳	双脚站在半球上与肩同宽，双脚微微弯曲，同时向上连续跳跃，眼睛注视前方	有效提高幼儿平衡性，预防因前庭觉异常引发的感统失调	平衡半球	体能游戏个别练习	1.快乐跳跳跳 2.抢占游戏
	爬（跪姿）	平衡木爬行	手、脚、膝置于平衡木上，异侧手、脚、膝同时向前跪爬行，眼睛注视前方	有效提高幼儿平衡性、手脚协调能力，预防因前庭觉异常引发的感统失调	矮、宽平衡木	体能游戏个别练习	1.森林运动会 2.小乌龟回家
		平衡木侧爬	两平衡木间隔开，双手置于一平衡木上，脚、膝置于另一平衡木上，同侧手、脚、膝同时向一侧跪爬行，眼睛注视移动方向，往哪个方向移动就哪侧手、脚、膝先动	有效提高幼儿平衡性、手脚协调能力，增强前庭觉功能	矮、宽平衡木	集体个别练习	1.巧玩平衡木 2.小小士兵
	滚翻（难度较大）	前滚翻	双脚并拢，双手比肩略宽至脚斜前20厘米，下巴紧收，臀部稍抬且双脚蹬地，后脑勺、背部、臀部，双脚依次落地	有效提高幼儿平衡性，增强前庭觉功能	地垫	体能游戏个别练习	1.翻滚吧小猴子 2.保卫基地
		侧身抱臂滚	仰卧，双手环抱臂，腹部用力向一侧翻滚，保持身体稳定不倾斜	有效提高幼儿平衡性，增强前庭觉功能	1.报纸棒 2.跨栏 3.木板 4.大垫子 5.香蕉模具若干	集体个别练习体能游戏	1.小猴子大冒险 2.滚一滚

表 3-2　4—5 岁幼儿平衡素质动作资源库

运动素质	关键动作	具体动作	具体动作分解	锻炼目的	活动器械	活动形式	活动参考
平衡	走	平衡半球走	将平衡半球摆成一排，左脚先踩上平衡半球，右脚紧跟着踩上去后站稳，再继续往下一个走，踩中心点位置，双手侧平举	提高幼儿的专注力，锻炼幼儿的平衡感和下肢稳定性	平衡半球	集体体能游戏个别练习	1. 小弹簧 2. 小跳蛙
		平衡盘走	将两个平衡盘并列摆成一排，左脚踩上左边平衡盘上，右脚紧跟着踩上右边平衡盘，收腹，控制好身体的稳定，再继续往下一个走	提高幼儿的专注力，锻炼幼儿的平衡感和身体稳定性	1. 彩虹桥 2. 乌龟壳 3. 过河石 4. 平衡木 5. 平衡板	集体体能游戏个别练习分组	过小桥
		平衡木倒退走	将平衡木排成一排，双脚脚尖朝前，前后站立，双脚向后退走，身体不触地，眼睛注视前方	有效提高幼儿腿部外侧力量，预防下肢体态问题（内八字）			
		平衡木倒爬	手、脚、膝置于平衡木上，异侧手、脚、膝同时向后跪爬行，眼睛注视膝盖位置	有效提高幼儿平衡感、手脚协调能力，增强前庭觉功能	1. 平衡木 2. 平衡板 3. 梯子	集体体能游戏个别练习分组	1. 猴子爬 2. 猫咪爬
		持物走	双脚脚尖朝前，单手提物，上体向异侧前倾，推拉、背物走时上体要前倾，眼睛注视前方，保持身体的稳定	提高幼儿的专注力，锻炼幼儿的平衡感和身体稳定性	1. 沙包 2. 投掷球	集体体能游戏个别练习分组	1. 蚂蚁搬豆 2. 运西瓜 3. 运粮食
		听信号变速走	自然站立姿势，脚尖朝前，听到不同节奏信号改变速度或改变方向行走	提高幼儿的专注力，锻炼幼儿的反应能力及身体的稳定性	1. 起跑线 2. 音乐 3. 口哨	集体体能游戏个别练习	1.123 木头人 2. 荷花开几朵
		单腿站立	双脚并列站立，收紧腹部，慢慢收紧抬起右脚至左脚膝盖旁，控制左脚单脚站立的稳定性，保持身体的稳定性	提高幼儿的专注力，锻炼幼儿的平衡感、下肢的力量和稳定性	1. 平衡木 2. 积木 3. 梅花桩	集体体能游戏个别练习	1. 木头人 2. 斗鸡

运动素质	关键动作	具体动作	具体动作分解	锻炼目的	活动器械	活动形式	活动参考
平衡	跑	倒退直线跑	脚踩直线，背对终点站立，向后倒退跑，眼睛看地面线条位置，脚跟不落地，注意要积极摆臂	锻炼幼儿的身体的平衡感和手脚协调性	1.起跑线 2.雪糕筒	集体体能游戏个别练习	1.走走停停 2.小动物回家
	跳	平衡半球跳	站稳在平衡半球上后，屈膝，收腹，双脚起跳的同时双手向前摆臂，双脚跳至离开平衡半球后，再落地还原站稳在平衡半球上	提高幼儿的专注力，锻炼幼儿的平衡感、下肢的力量和稳定性	平衡半球	体能游戏个别练习	1.小弹簧 2.小跳蛙
		单腿跳	双脚并列站立，收紧腹部，慢慢抬起右脚至左脚膝盖旁，左脚单脚支撑做原地连贯起跳动作	锻炼幼儿的平衡感、下肢的力量、稳定性以及爆发力	1.呼啦圈 2.报纸棒 3.敏捷圈	集体分组个别练习体能游戏	1.斗鸡 2.找圈
	翻滚	站立式前滚翻	双脚并拢站立，双手举过头顶后下蹲，同时弯腰屈肘，双手打开与肩同宽，掌心用力撑地后，低头收腹，眼睛看肚子，双脚同时蹬地往前滚，之后抱腿站立，大小腿夹在一起，然后完成坐姿位置	提高幼儿的专注力，锻炼幼儿的平衡感和胆量	1.垫子 2.起止线	个别练习	1.小猴子 2.我会翻
		侧身抱胸滚	仰卧，双手环抱胸，腹部用力向一侧翻滚，保持身体稳定不倾斜	有效提高幼儿平衡性，前庭觉功能	1.垫子 2.桌子	集体分组	滚一滚
		铅笔滚	双脚并拢躺在垫子上，双手伸过头顶，身体收紧，腹部收紧往前翻滚	提高幼儿的专注力，锻炼幼儿的平衡感及控制力	1.垫子 2.桌子	集体分组	1.削铅笔 2.转转转

续表

运动素质	关键动作	具体动作	具体动作分解	锻炼目的	活动器械	活动形式	活动参考
平衡	翻滚	蹲姿侧身滚翻	双脚并拢站立在垫子的左边，屈膝下蹲，左手撑在垫子上，右手屈肘团胸，向右边慢慢倒肩，同时双脚蹬地，大腿贴近腹部收腿向右边侧翻，然后手臂可辅助撑地起身	提高幼儿的应急反应能力及身体灵敏程度	垫子	个别练习	翻船喽
		半蹲推物	身体半蹲，双脚前后分开，物品放在身体的一侧，单手推物前进	提高幼儿的应急反应能力及身体灵敏程度、身体平衡感	1. 球 2. 小板凳	集体分组个别练习体能游戏	1. 运粮食 2. 运果果
		平衡木前滚翻	双脚并拢站在平衡木上，屈膝下蹲，双手打开与肩同宽，虎口张开，掌心用力撑住平衡木两侧，低头收腹，眼睛看肚子，双脚同时蹬地往前滚，完成后双脚打开成坐姿动作	提高幼儿的专注力，锻炼幼儿的平衡感和胆量	1. 平衡木 2. 垫子	分组个别练习	1. 孙悟空 2. 小猴子

表 3-3　5—6 岁幼儿平衡素质动作资源库

运动素质	关键动作	具体动作	具体动作分解	锻炼目的	活动器械	活动形式	活动参考
平衡	走	平衡木上走	在宽 15 厘米、高 40 厘米的平衡木上变换手臂动作以调节身体平衡。走步时步幅小，摆腿低，单腿支撑的时间短，上体直，眼看正前方	提高幼儿的专注力和平衡感，锻炼幼儿的下肢稳定性、身体协调性	1. 平衡木 2. 木板 3. 竹梯	集体个别练习体能游戏	1. 过小桥 2. 木头人

运动素质	关键动作	具体动作	具体动作分解	锻炼目的	活动器械	活动形式	活动参考
平衡	跳	平衡半球蹲跳	站稳在平衡半球上后，收腹，双脚起跳的同时双手向前摆臂，双脚跳至离开平衡半球，再落地站稳，同时屈膝半蹲，双手摸自己的踝关节	提高幼儿的专注力和平衡感，锻炼幼儿的下肢稳定性、力量及肌耐力	1.平衡半球 2.垫子	集体 个别练习 体能游戏	1.跳跳糖 2.小弹簧
		平衡半球转身跳	站稳在平衡半球上后，收腹，双脚起跳同时双手向前摆臂，双脚跳至离开平衡半球同时向一侧转身落地	提高幼儿的专注力和平衡感，锻炼幼儿的下肢稳定性、身体的协调感	1.平衡半球 2.体操垫	集体 个别练习 体能游戏	1.灵活的身体 2.弹簧小人
	爬	平衡双杆爬	虎口张开，掌心相对握紧双杆，双腿打开踩上双杆，左手和左脚同时往前移动爬，再换右手左腿往前一步移动爬	提高幼儿专注力和胆量，锻炼幼儿四肢力量和协调能力，以及控制身体的平衡性	1.双杆 2.竹竿	集体 个别练习 体能游戏	1.猴子上树 2.小蜘蛛爬呀爬
	翻滚	助跑前滚翻	助跑到距离3—5米的垫子上，双手打开与肩同宽，掌心用力撑地后，快速低头收腹，同时双腿蹬地往前滚	锻炼幼儿的平衡感和身体的协调性	1.起跑线 2.体操垫	个别练习	1.翻滚吧小猴子 2.孙悟空大闹天宫
		平衡木站姿前滚翻	双脚并拢站在平衡木上，双手打开成八字形举过头顶后弯腰，双手掌心用力抓住平衡木两侧撑地，低头收腹，眼睛看肚子，双脚同时蹬地往前滚	提高幼儿的专注力，锻炼幼儿的平衡感和胆量	1.平衡木 2.体操垫	个别练习	1.小小马戏团 2.我的身体真灵活

第四章 素质三：协调

协调素质是个体在完成动作过程中，身体各个器官相互配合、协同运作的能力，即能够正确、流畅地完成手眼协调和脚眼协调的动作，如投沙包、控球走、跳绳等。协调能力的发展是幼儿进行动作学习的基础，良好的动作协调能力有助于幼儿积极参与运动，更高效地学习和掌握动作技能。幼儿园教师在开展体育活动时，可采用基础动作游戏化、组合动作情景化的策略激发幼儿的学习兴趣。例如，引导幼儿模仿小动物走、跑、跳、爬等动作；让幼儿扮演"小小快递员"，携带"包裹"（沙包、小球等）绕过障碍、爬行、跳跃，最终将"包裹"送达目的地。

表 4-1 3—4 岁幼儿协调素质动作资源库

运动素质	关键动作	具体动作	具体动作分解	锻炼目的	活动器械	活动形式	活动参考
协调	走	摆臂走	双脚脚尖朝前，向前走动，走动过程中异侧手脚同时摆动，眼睛注视正前方	有效提高幼儿手脚协调能力，预防下肢体态问题（内、外八字）	起始线	体能游戏	1.听我指挥 2.看谁做得像 3.我要慢慢长大
	跑	站立式起跑	左脚和右手在前，右脚和左手在后，上半身向前微屈，听到口令后，右脚蹬地，身体前冲，眼睛注视正前方	有效提高幼儿手脚协调能力与反应能力	1.泡泡机 2.起跑线 3.玩具	体能游戏	1.追泡泡 2.听命令抱成团
		直线跑	采用站立式起跑动作，听到口令后，按地面直线方向跑动，不得偏离线路，眼睛看前方45°方向的线路	有效提高幼儿手脚协调能力与专注力	1.跑道 2.麻绳 3.垫子	集体	1.攻城堡 2.看谁跑得快

续表

运动素质	关键动作	具体动作	具体动作分解	锻炼目的	活动器械	活动形式	活动参考
协调	跑	折返跑	以站立式为起跑动作，听到口令后，迅速向前跑动，眼睛注视正前方，到固定点后转身跑回起点	有效提高幼儿眼脚协调能力	1. 雪糕筒 2. 大滚筒 3. 轮胎	体能游戏	1. 小鸡快跑 2. 救出小动物
		定向跑	采用站立式起跑动作，按数字或者颜色标识跑动的位置，听到口令后，迅速向前跑动，眼睛注视指定位置，然后转身跑向第二个位置，直至跑完所有指定方向	有效提高幼儿手脚协调与方向感	1. 短木棒 2. 呼啦圈 3. 雪糕筒	体能游戏	1. 抢种抢收 2. 看谁堆得高
		S 形跑	将标志物间隔放置，绕标志物进行S形快速跑动，眼睛注视跑动方向	有效提高幼儿手脚协调能力与速度能力	1. 雪糕筒组合 2. 垫子 3. 飞盘	体能游戏	1. 绕过障碍 2. 龙头龙尾 3. 老鹰抓小鸡 4. 小汽车嘀嘀嘀
	跳	摆臂跳（行进跳）	双脚与肩同宽，下蹲时手摆动至身后，眼睛注视前方为起始动作，起跳时手由后至前摆，双脚同时落地	有效提高幼儿手脚协调能力与腿部力量	1. 小兔、狼头饰 2. 纸板 3. 呼啦圈 4. 飞盘 5. 报纸 6. 篮子 7. 平衡板	集体	1. 能干的兔子 2. 小白兔与大灰狼 3. 好玩的呼啦圈 4. 小蝌蚪变青蛙
	爬	倒退婴儿爬	手、脚、膝与肩同宽，异侧手、脚、膝同时向后爬行，低头，眼睛看膝盖位置，眼睛注视指定方向	有效提高幼儿手脚协调能力与前庭觉功能	1. 地垫 2. 体操垫	集体	1. 宝宝倒着爬 2. 小熊回家

续表

运动素质	关键动作	具体动作	具体动作分解	锻炼目的	活动器械	活动形式	活动参考
协调	爬	侧身婴儿爬	手、脚、膝与肩同宽，同侧手、脚、膝同时向一侧爬行，颈部微抬，眼睛注视指定方向，往哪个方向移动就哪侧手脚先动	有效提高幼儿手脚协调能力与前庭觉功能	1. 地垫 2. 塑胶平衡木	体能游戏	1. 快乐的小老鼠 2. 大闯关
		侧身四肢爬	手、脚与肩同宽，膝盖离地,同侧手、脚同时向一侧爬行，颈部微抬，眼睛注视移动方向，往哪个方向移动就哪侧手脚先动	有效提高幼儿手脚协调能力与前庭觉功能	1. 木板 2. 平衡木	集体	1. 勇敢的小骑兵 2. 欢乐爬行
	钻	钻爬	手、脚、膝与肩同宽撑地，眼睛注视前方，异侧手、脚、膝同时向前跪爬，低头穿过障碍物	有效提高幼儿手脚协调能力与前庭觉功能	1. 拱桥 2. 垫子	体能游戏	1. 锁铁锁 2. 老鼠偷粮 3. 钻门洞
		跨钻	手、脚、膝与肩同宽撑地，眼睛注视前方，异侧手、脚、膝同时向前跪爬，遇到低障碍物时抬同侧手脚跨过，遇到高障碍物时低头穿过	有效提高幼儿手脚协调能力、力量与前庭觉功能	1. 敏捷圈 2. 拱桥 3. 小砖块 4. 粗麻绳 5. 矮跨栏 6. 报纸棒 7. 积木块	体能游戏	1. 钻圈圈 2. 摆个造型你钻钻 3. 小蝴蝶找朋友
		跑钻	采用站立式起跑，跑至障碍物前，低头俯身穿过障碍物	有效提高幼儿手脚协调能力与判断力	1. 拱门 2. 溜溜布 3. 彩虹伞	集体体能游戏	1. 穿越电网 2. 蜘蛛网
	攀	攀登	一手握住高处器械，一脚蹬上器械矮处；接着，另一手脚超越前面的手脚向上攀爬，即同侧并步攀	提高上下肢力量、协调能力与判断力	1. 双侧梯 2. 攀爬架 3. 攀爬网	体能游戏	1. 爬山 2. 穿越火线

续表

运动素质	关键动作	具体动作	具体动作分解	锻炼目的	活动器械	活动形式	活动参考
协调	攀	攀爬	攀爬障碍物时，双手握住或按压在器材上，一脚先蹬上一定的高度，随后手脚同时用力，使身体重心得以提高	提高上下肢力量与协调能力	1. 梯子 2. 轮胎	体能游戏	1. 有趣的梯子 2. 勇敢登山者
	投掷	双手抛物	双脚打开与肩同宽，膝盖微屈，双手五指微张握物，自然下垂至腹部前端位置，眼睛平视前方，双手同时发力向前抛出物体	有效提高幼儿手臂力量，预防感统问题(本体觉)	1. 棉花球 2. 呼啦圈 3. 可立起的玩具 4. 海洋球 5. 棉网球 6. 沙包	体能游戏	1. 投弹 2. 会飞的纸 3. 有趣的圈 4. 投掷海洋球
		双手投篮	双脚开立与肩同宽，双手五指自然张开握球放于胸前，眼望篮筐，膝盖弯曲下蹲，往目标投篮瞬间起跳有助于投篮高度	有效提高幼儿手臂力量，预防感统问题(本体觉)	1. 篮球 2. 泡沫砖 3. 沙包	体能游戏	1. 炸碉堡 2. 灌篮高手
		单手丢沙包	左脚在前，右脚在后，右手持沙包，手肘弯曲约90°。提肩引拉，主动将球扔出	有效提高幼儿手臂力量、协调能力，预防感统问题（本体觉）	1. 沙包 2. 泡沫砖 3. 网球 4. 报纸团	体能游戏	1. 沙包宝宝 2. 保卫基地
		自砸接球	双手五指微张抱球、双手肘关节稍弯曲，球放在胸口前方，双脚开立，膝盖微屈，眼睛看球，手臂轻轻发力垂直向下将球砸地，同时眼睛看球，球上升时主动出击双手接球	有效提高幼儿手眼协调能力、手臂力量、专注力，预防感统问题（本体觉、前庭觉）	1. 皮球 2. 篮球	体能游戏	1. 谁接住了球 2. 我和小猪玩游戏

续表

运动素质	关键动作	具体动作	具体动作分解	锻炼目的	活动器械	活动形式	活动参考
协调	投掷	拍球	双脚开立与肩同宽，膝盖微屈，双手抱球，五指自然张开将球下拍，练习单手拍球动作，当球弹回起点时做重复动作，一般球需弹回高于膝盖位置	有效提高幼儿手眼协调能力、手臂力量、专注力，预防感统问题（本体觉）	1.皮球 2.篮球	体能游戏	1.拍拍我的小皮球 2.我会拍高球
		滚球	身体下蹲，双手扶球，把球放在地上，手臂腕关节用力轻轻将球推向终点	有效提高幼儿手眼协调能力、手臂力量、专注力，预防感统问题（本体觉、前庭觉）	1.皮球 2.篮球	体能游戏	1.小小运粮队 2.滚来滚去的球
		接球	双脚开立与肩同宽，膝盖微屈，背部挺直，双手伸直肘关节弯曲，五指张开，双手放在胸前方，主动迎接球并双手夹住	有效提高幼儿手眼协调能力与专注力，预防感统问题（本体觉、前庭觉）	1.皮球 2.篮球 3.网球 4.海洋球	集体体能游戏	1.传得稳，接得准 2.小小运动员

表4-2　4—5岁幼儿协调素质动作资源库

运动素质	关键动作	具体动作	具体动作分解	锻炼目的	活动器械	活动形式	活动参考
协调	走	里里外外	双腿分开，将圈放于中间，左右脚先后走入圈内，然后再走回原来的位置（哪只脚先进圈就哪只脚先出圈外，过程中脚跟微微离开地面）	锻炼幼儿下肢协调能力及下肢灵活性	1.呼啦圈 2.绳梯	集体个别练习小组练习体能游戏	1.小士兵 2.灵敏的小猴子
		前前后后	将圈放在身体前方，双脚并拢，左右脚先后走入圈内，然后再倒退走回圈外（哪只脚先进圈就哪只脚先走出圈外，过程中脚跟微微离开地面）	锻炼幼儿下肢协调能力及下肢灵活性	1.呼啦圈 2.绳梯	集体个别练习小组练习体能游戏	1.穿越火线 2.小猴子学本领

运动素质	关键动作	具体动作	具体动作分解	锻炼目的	活动器械	活动形式	活动参考
协调	跑	转身跑	背对终点，当听到发令声响起后转身跑向终点（需规定一个方向转身）	锻炼幼儿的专注力及反应速度	1. 口哨 2. 雪糕筒	集体体能游戏 个别练习 分组	1. 木头人 2. 抓小羊
		障碍跑 四散跑 躲闪跑	将标志物间隔放置，绕标志物进行不同障碍线快速跑动，眼睛注视跑动方向。以四散跑、躲闪跑、螺旋跑为例，在跑动中要注意变换方向，所以得控制身体的重心，在快接近改变方位时，应放慢速度注重急停和起动	锻炼幼儿下肢协调能力及下肢灵活性	1. 雪糕筒 2. 报纸棒	集体体能游戏 个别练习 分组	1. 老狼老狼几点了 2. 抢夺大战
		快跑	采用站立式起跑动作，听到口令后，按地面直线方向快速跑动，不得偏离线路位置，眼睛看前方45°方向的线路	锻炼幼儿下肢力量、爆发力及下肢灵活性	1. 雪糕筒 2. 报纸棒	集体体能游戏 个别练习 分组	1. 冰雪游戏 2. 竞赛跑步
		持物跑	双脚脚尖朝前，单手提物，上体向异侧前倾，推拉、背物走时上体要前倾，眼睛注视前方，保持身体的稳定，持物跑时步伐要小、频率要高	锻炼幼儿的专注力及平衡能力	1. 沙包 2. 轮胎 3. 洗衣粉桶	集体体能游戏 个别练习 分组	1. 猴子掰玉米 2. 小动物搬家
		走跑交替	采用站立式起跑动作，听到口令后，按地面方向进行走跑交替，不得偏离线路位置，眼睛看前方45°方向的线路	锻炼幼儿的专注力和反应能力	1. 起跑线 2. 绳梯	集体体能游戏 个别练习 分组	1. 竞赛游戏 2. 小乌龟散步
		侧身移动	侧身自然站立，左脚在前，后脚在后，左脚脚尖朝向终点方向，双臂张开，膝盖微屈半蹲，左脚发力，右脚紧跟其后，向终点位置出发	锻炼幼儿下肢协调能力及腿部力量	1. 雪糕筒 2. 溜溜布 3. 报纸棒	集体体能游戏 个别练习 分组	1. 小螃蟹抓虾 2. 小螃蟹
		折返跑	以短跑形式进行，在终点位置放好标记物，拍到物体后转身跑回起点	提高幼儿短跑速度与协调能力	1. 雪糕筒 2. 大水桶	集体体能游戏 个别练习	1. 摸摸那里跑回来 2. 小小营救员

运动素质	关键动作	具体动作	具体动作分解	锻炼目的	活动器械	活动形式	活动参考
协调	跳	开合跳	立正姿势，双脚并拢，背部挺直，眼睛注视正前方，双脚同时跳跃落地比肩略宽，再跳回立正姿势	有效提高幼儿腿部力量	1. 敏捷圈 2. 雪糕筒 3. 垫子	集体 体能游戏 个别练习 分组	1. 小猴子学本领 2. 森林探险
		行进跳	双脚打开与肩同宽，双手握拳垂直两侧，背部挺直，眼睛注视正前方，双脚同时跳跃落地比肩略宽	有效提高幼儿腿部力量	1. 体操绳 2. 矿泉水瓶	集体 体能游戏 个别练习 分组	1. 机器人前进 2. 小猴跳跳
		转圈跳	脚跟离地，膝盖微屈，一边跳跃一边转圈，双臂做小摆臂动作	小腿力量及踝关节稳定性	1. 敏捷圈 2. 呼啦圈	集体 体能游戏 个别练习 分组	1. 大象转转转 2. 大风车
		夹物跳	自然站立，双脚并拢，膝盖夹住垫子或沙包向前行进，过程中沙包不落地	锻炼小腿肌肉力量及身体的协调能力	1. 沙包 2. 小垫子	集体 体能游戏 个别练习 分组	1. 穿越大草原 2. 小松鼠
		双脚纵跳触物	双脚开立与肩同宽，半蹲膝盖弯曲约90°，双手放松下摆放于大腿两侧，双脚蹬地的同时向前上方摆臂，腾空时双手举过头顶，摸到物品后慢慢落地恢复准备动作	锻炼腿部瞬间爆发力及协调能力	1. 弹床 2. 小板凳 3. 报纸棒	集体 体能游戏 个别练习 分组	1. 飞跃拍球 2. 摸一摸
		立定跳远	双脚开立与肩同宽，膝盖弯曲约90°，眼睛平视前方，双手放松自然下垂，放于大腿两侧，大腿发力向前跳跃时摆臂向上，注意要抬起大腿，落地瞬间恢复起始动作	锻炼腿部瞬间爆发力及协调能力	1. 体操绳 2. 起跳线 3. 木板	集体 体能游戏 个别练习 分组	1. 过小河 2. 袋鼠跳
		助跑跨跳	助跑距离约4—5步，中等速度跑，不减速，不倒退，蹬腿要快速有力，摆腿方向正，幅度大，落地轻，继续向前几步不停顿	锻炼幼儿的专注力和反应能力	1. 跨栏 2. 雪糕筒	集体 个别练习 分组	1. 体能小健将 2. 飞跃

续表

运动素质	关键动作	具体动作	具体动作分解	锻炼目的	活动器械	活动形式	活动参考
协调	跳	左右跳	双脚并拢站立，膝盖微弯下蹲，腹部收紧，双腿蹬地脚并拢跳向身体左边，再起跳向身体的右边，依次重复向左右跳	锻炼幼儿的专注力和身体协调能力	1.绳梯 2.呼啦圈 3.报纸棒 4.跨栏 5.平衡板	集体 体能游戏 个别练习 分组	1.小青蛙 2.顽皮的小猴子
		踏上跳下	单脚抬起踏上积木，双腿膝盖微弯下蹲，腹部收紧，脚并拢跳下积木，依次重复	锻炼幼儿的专注能力和腿部力量	1.大小积木 2.轮胎	集体 个别练习 分组	淌过荷叶
		前后跳	自然站立，双脚并拢，脚跟离地，向前跳跃后向后跳回原位	锻炼幼儿小腿力量及踝关节稳定性	1.垫子 2.呼啦圈	集体 体能游戏 个别练习	1.活力大闯关 2.开心宝贝
	爬	四肢着地爬	双手、双脚与肩同宽，两膝不触地，异侧手、脚同时向前爬行，眼睛注视指定方向	锻炼幼儿专注力和身体协调能力及上下肢力量	1.垫子 2.竹梯 3.轮胎	集体 体能游戏 个别练习 分组	1.小乌龟爬爬 2.龟兔赛跑
		倒退四肢爬	双手、双脚与肩同宽，膝盖离地，异侧手、脚同时向后爬行，低头眼睛看膝盖位置	有效提高幼儿手脚协调能力和前庭觉功能	1.垫子 2.梯子	集体 体能游戏 个别练习 分组	小刺猬回家
	钻	移动式跑钻	跑步过程中在途中增加障碍，该障碍需低于身高高度，提前做出低头俯身姿势穿过障碍	提高幼儿预知判断能力及灵敏程度	1.跨栏 2.雪糕筒	集体 体能游戏 个别练习 分组	1.超级飞侠 2.闪电跑跑
		匍匐前进	采用俯卧姿势，目视前方，左手屈肘在前，右手团胸，右腿保持屈膝约90°，脚掌蹬地，左腿保持伸直状态，手脚同时发力，左右交替前进	锻炼幼儿的上肢爆发力及身体的协调能力	1.雪糕筒 2.垫子	集体 体能游戏 个别练习 分组	1.勇敢小战士 2.小小消防员
	投掷	双手投篮	双手五指自然张开，将球握于十指之间，放于胸前，目视目标，双手发力将球投进篮筐	锻炼幼儿手眼协调能力及手臂力量	篮球	集体 体能游戏 个别练习 分组	小猫玩球

续表

运动素质	关键动作	具体动作	具体动作分解	锻炼目的	活动器械	活动形式	活动参考
协调	投掷	挥臂投远	能单手将投掷物扔出。预备时能侧向站立，重心落于后腿，引臂向后，投时能全身协调用力，用沙包向前上方投出，能控制出手的方向和角度	锻炼幼儿手眼协调能力及手臂力量	1. 报纸 2. 网球	集体 体能游戏 个别练习 分组	1. 投炸弹 2. 炸城堡
		单手丢沙包（加转身）	左脚在前，右脚在后，面朝45°方向，左手伸直在前，五指并拢，右手手持沙包，手肘弯曲约90°提肩引拉，扔出沙包瞬间左手自然下摆	锻炼幼儿上肢协调能力及力量	1. 沙包 2. 网球	集体 体能游戏 个别练习 分组	守护城堡
	球类	运球	在拍球的基础上进行正向行进间运球，球和手固定在身体前方，膝盖微屈，球弹回位置需高于膝盖时做第二次拍球	锻炼幼儿手眼协调能力和专注力	篮球	集体 体能游戏 个别练习 分组	气球宝宝蹦蹦跳
		倒退运球	在拍球的基础上进行正向行进间运球，球和手固定在身体前方，膝盖微屈，球弹回位置需高于膝盖时做第二次拍球，倒退时脚尖先落地，眼睛看球的位置	锻炼幼儿手眼协调能力、专注力及小腿力量	1. 篮球 2. 雪糕筒	集体 体能游戏 个别练习 分组	1. 小火车倒车嘀嘀嘀 2. 月亮影子追追乐
		自抛自接球	双手五指自然张开抱球，双手伸直，肘关节弯曲，球放在胸口前方，双脚开立，眼睛看，手臂轻轻发力垂直向上将球抛起，同时眼睛看球，球下落时主动出击，双手接球	锻炼幼儿手眼协调能力、专注力及灵活反应能力	篮球	集体 体能游戏 个别练习 分组	小兔蹦高摘果子
		胸前传球	双脚张开与肩同宽，双手五指自然张开，十指相对握球，放于胸前，膝盖微屈，胸前发力将球推出，球即将离开手指位置时手腕发力，然后手臂回到原来持球位置	锻炼幼儿手眼协调能力，以及手臂手腕的发力控制能力	1. 篮球 2. 沙包 3. 波波球	集体 体能游戏 个别练习 分组	1. 魔法快递员 2. 超级英雄能量波

续表

运动素质	关键动作	具体动作	具体动作分解	锻炼目的	活动器械	活动形式	活动参考
协调	球类	相互接滚球	双方身体下蹲，双手扶球，把球放在地上，手臂腕关节用力轻轻将球推向对方，对方接球，并继续推球	锻炼幼儿手眼协调能力，手臂控制力及反应能力	1. 篮球 2. 轮胎	集体 体能游戏 个别练习 分组	彩虹隧道接力
		滚球击物	身体弯曲，手扶球把球放在地上，手臂腕关节用力将球推向物品并击倒物品	锻炼幼儿手臂控制力和手眼协调能力	1. 皮球 2. 波波球	集体 体能游戏 个别练习 分组	1. 保龄球大冒险 2. 攻城小勇士
		左右交替运球	左右手交替拍球，拍球过程中双手始终自然垂放在身体两侧	锻炼幼儿手眼协调能力和专注力	篮球	集体 体能游戏 个别练习 分组	1. 小鼓手节奏拍拍拍 2. 小猴子摘果子

表4-3　5—6岁幼儿协调素质动作资源库

运动素质	关键动作	具体动作	具体动作分解	锻炼目的	活动器械	活动形式	活动参考
协调	走	交叉走	双脚并拢自然站立，向终点方向迈出第一步，后脚迈出在前脚后侧位置，形成交叉步态，然后前脚继续向终点方向迈出下一步，以此循环	锻炼幼儿下肢协调能力及髋关节灵活性	1. 跑道 2. 雪糕筒 3. 平衡木 4. 短绳	体能游戏	1. 独木桥 2. 我会平衡
		里里外外＋拍手	双腿张开与肩同宽，将敏捷圈放于中间，左右脚先后走入圈内，然后走回原来位置（哪只脚先进圈就哪只脚先走出圈外，走入圈内的同时完成拍手动作，走出圈外将手复原）	锻炼幼儿手脚协调能力	1. 敏捷圈 2. 垫子 3. 雪糕筒	集体	1. 快速走 2. 灵敏的身体
	跳	开合单脚跳	双脚张开与肩同宽，双脚同时发力向上跳，单脚落地，接触地面后发力跳回原来位置，换另一只脚支撑，以此循环	锻炼幼儿下肢协调能力及踝关节稳定性	1. 敏捷圈 2. 雪糕筒 3. 垫子	集体 个别练习	1. 兔子跳跳跳 2. 我会跳

续表

运动素质	关键动作	具体动作	具体动作分解	锻炼目的	活动器械	活动形式	活动参考
协调	跳	开合跳＋拍手	双脚开立与肩同宽，双脚同时发力跳于圈内，双手自然放于身体两侧，然后在跳回原来位置时双手举直拍掌，以此循环	锻炼幼儿的手脚协调能力	1.敏捷圈 2.垫子 3.雪糕筒	集体 个别练习	1.兔子跳跳 2.我会跳
		单脚行进跳（Z形跳）	双脚并列站立，收紧腹部，抬起一只脚至另一只脚膝盖旁，支撑地面的脚连贯向前做起跳动作	锻炼幼儿身体协调感和下肢力量，提高稳定性	1.雪糕筒 2.敏捷圈 3.起始线	集体 个别练习	1.我会闪电跳 2.金鸡独立
		跳绳	摇绳技巧：双手各拿绳子两端末端位置，手臂放于髋部两侧，手腕放松，同时做甩绳动作，慢慢延长绳子距离。最后双手各握一条绳子，向前甩绳。甩绳同时可做跳跃动作，模拟跳绳锻炼	锻炼手臂及手腕肌肉，发展手眼协调能力，培养身体动作的连贯性	跳绳	个别练习 体能游戏	1.好玩的绳子 2.我的小皮鞭
		跳绳	跳跃技巧：先做原地并腿跳，脚跟离开地面，在这个基础上一边跳一边做徒手甩绳动作，然后结合跳绳开始练习节奏协调动作，双手甩绳落地时双脚脚尖抬起，绳子落地到脚底位置踩住，然后踮起脚尖，绳子从脚跟位置返回，以此类推重复练习几遍后加大难度，完成一个完整跳绳后接着做一个踩绳动作，以达到让幼儿能够连续甩绳的目的	强化下肢力量，增强足部灵活性，提高身体对运动节奏的感知和反应速度。提升连续跳绳的流畅度，精准感知绳子落地时机。提高幼儿的心肺耐力	跳绳	集体 个别练习	1.我会跳绳 2.绳子画圈

续表

运动素质	关键动作	具体动作	具体动作分解	锻炼目的	活动器械	活动形式	活动参考
协调	爬	匍匐前行	采用俯卧姿势，目视前方，左手屈肘在前，右手团胸，右腿屈膝约90°，脚掌蹬地，左腿保持伸直状态，手脚同时发力，左右交替前进	锻炼幼儿的身体灵敏程度	1.体操垫 2.雪糕筒	集体	1.穿越丛林 2.士兵突击
		熊爬	双手双脚撑于地面，类似婴儿爬行的姿势，但双膝不跪地。前进时以侧边手脚作移动（右手左脚一起动），前进力量主要由双脚推进	锻炼幼儿四肢的肌力，同时锻炼维持躯干平稳、全身协调性的核心力量	1.体操垫 2.雪糕筒	集体个别练习	1.小熊回家 2.爬一爬
		鳄鱼爬	俯卧，两臂屈肘，两腿屈膝，成前臂与小腿俯撑姿势，用异侧的前臂和小腿交替向前屈伸爬行移动；另一种方法是俯卧在垫上，两臂屈肘，一侧的前臂前伸和异侧大腿屈膝向体侧举（小腿内侧着垫），然后蹬腿屈臂，使身体向前爬行移动	锻炼幼儿四肢的肌力，同时锻炼维持躯干平稳、全身协调性的核心力量	体操垫	个别练习	1.鳄鱼来了 2.我会爬
	钻	侧身钻	手、脚、膝与肩同宽撑地，眼睛注视前方，异侧手、脚、膝同时向前跪爬，遇到低障碍物时抬同侧手脚跨过，遇到高障碍物时低头穿过障碍物	有效提高幼儿手脚协调能力、力量及前庭觉功能	1.拱桥 2.万能工匠	集体体能游戏	1.穿越火线 2.小鸭子回家
	投掷	单手丢沙包（加交换腿）	左脚在前脚跟抬起，右脚在后膝盖微屈，重心在后脚，面朝45°方向，左手伸直在前，五指分拢，右手手持沙包，手肘弯曲约90°提肩引拉，前后脚蹬地扔出沙包瞬间左手自然下摆，同时交换前后脚位置	锻炼幼儿的身体灵敏程度	1.沙包 2.雪糕筒 3.大滚筒	集体个别练习体能游戏	1.炸碉堡 2.丢沙包

续表

运动素质	关键动作	具体动作	具体动作分解	锻炼目的	活动器械	活动形式	活动参考
协调	投掷	投远	能单手将沙包等掷过约4米外。预备时能侧向站立，重心落于后腿，引臂向后，投时全身协调用力将沙包向前上方投出，能控制出手的方向和角度	锻炼幼儿的上肢力量及手眼协调能力	1. 沙包 2. 网球 3. 流星锤 4. 大滚筒 5. 粘靶球	集体 个别练习 体能游戏	1. 炸弹专家 2. 飞翔吧炸弹
		投准	肩上挥臂投准靶心（距离约3米，标靶直径不少于60厘米），预备时能侧向站立，重心落于后腿，引臂向后，投时全身协调用力将沙包向前上方投出，能控制出手的方向和角度，侧重于手腕用力控制方向	锻炼幼儿的上肢力量及手眼协调能力	1. 海洋球 2. 皮球 3. 篮球 4. 纸球	集体 个别练习 体能游戏	1. 小小神枪手 2. 瞄准目标
		单手投篮	右手五指自然张开，屈腕握球，左手辅助握球，放于头部右侧脸旁位置，目视篮筐位置，右手手指手腕发力投向篮筐	锻炼幼儿的手眼协调能力及单侧力量运用能力	1. 篮球 2. 篮框	集体 个别练习	1. 魔法投篮大战 2. 超人单手投篮乐
		交叉运球	膝盖重心下蹲，背部挺直，左右手交替拍球，拍球过程中双手始终自然垂于身体两侧，球弹回高度约在膝盖位置	锻炼幼儿手眼协调能力、手指精细动作及手腕力量	1. 篮球 2. 起始线	体能游戏	1. 彩虹交叉运球赛 2. 小螃蟹运球大冒险
		运球折返跑	行进间运球折返过程中单手运球，拍到目标物之后换手返回到起点	锻炼幼儿四肢协调能力及反应速度	1. 篮球 2. 起始线 3. 敏捷圈 4. 雪糕筒	集体	1. 火箭冲刺折返赛 2. 探险家寻宝折返跑
		花样篮球	边跑边拍球、仰卧传球、练习滚球击瓶子、拍双球、平衡板拍球、夺对方背后的球、抢断老师的球、见球踢球、二人换位拍球	锻炼幼儿手眼协调能力、手指精细动作及反应速度	1. 篮球 2. 积木 3. 平衡木 4. 平衡板 5. 平衡半球	个别练习 体能游戏	1. 炫酷旋转花样秀 2. 星星拍球变变变

第五章 素质四：柔韧

柔韧素质指人体各个关节的活动幅度，以及肌肉、韧带、肌腱等软组织的伸展能力。良好的柔韧性有助于幼儿在活动过程中更好地适应各种动作，减少因关节活动范围受限或肌肉紧张而导致的拉伤、扭伤等伤害。体育活动中，柔韧性练习多安排在热身、放松环节，热身时的柔韧性练习可以增加关节灵活性，预防运动损伤；放松时的练习则有助于缓解肌肉紧张，促进身体恢复。由于幼儿的骨骼、肌肉和韧带尚未发育完全，教师要避免专项的、高难度的柔韧性练习，也不宜在幼儿期过分强调柔韧性的培养。

表 5-1　3—4 岁幼儿柔韧素质动作资源库

运动素质	关键动作	动作名称	具体动作分解	锻炼目的	活动器械	活动形式	活动参考
柔韧	静力拉伸	坐姿横叉	坐在地上或垫上，双腿伸直并打开，呈坐姿横叉姿势。勾脚尖，同时手臂伸直，掌心向外做"推"的动作，感受大腿内侧肌肉的拉伸感，有节奏地做前推、收回、再前推的动作	提高幼儿柔韧性，放松肌肉	1. 垫子 2. 溜溜布	集体体能游戏	放松热身
		单腿下压	双手伸直，左腿单腿站立，抬起右腿，然后稍微弯曲左腿使身体往下压，再换右腿重复该动作	提高幼儿柔韧性，放松肌肉	1. 垫子 2. 溜溜布 3. 积木		
		拉伸大腿内侧	直膝，尽量大幅度向体侧分腿坐在地面，左臂贴近髋前部，右臂头上伸展。呼气，上体尽量从腹部向左侧倾斜。再向右侧重复练习，动作幅度由小到大	提高幼儿柔韧性，放松肌肉	1. 体操垫 2. 平衡木		
		拉伸腹部、大腿前部	在垫上跪立，脚尖向后，双手扶在臀上，形成背弓，臀部肌肉收缩送髋。呼气，加大背弓，头后仰，张口，逐渐把双手滑向脚跟	提高幼儿柔韧性，放松肌肉	1. 体操垫 2. 溜溜布		

续表

运动素质	关键动作	动作名称	具体动作分解	锻炼目的	活动器械	活动形式	活动参考
柔韧	静力拉伸	拉伸腰部	在垫上仰卧，屈膝，双脚滑向臀部。双手放在膝关节下部。呼气，双手向胸前和肩部牵拉双膝，并提起髋部离开垫子	提高幼儿柔韧性，放松肌肉	1. 体操垫 2. 溜溜布	集体体能游戏	放松热身
		盘腿下压	坐在地上或垫上，两脚底相贴，双手握住双脚踝关节，身体弯曲往下压	提高幼儿柔韧性，放松肌肉	1. 万能工匠 2. 地垫		
		俯卧支撑	俯卧于垫上，身体呈平行于地面状态，两前臂平行支撑在地面，保持呼吸顺畅	提高幼儿柔韧性，放松肌肉	1. 垫子 2. 敏捷圈 3. 万能工匠		
	动力拉伸	行进间踢腿	分别进行向前、侧、后的踢腿练习	提高幼儿柔韧性，放松肌肉	1. 敏捷圈 2. 起始线		
		颈部练习	头前点—后点—左点—右点（各点2次，2×8拍）；头左转—还原—右转—还原，从右到左，从左到右各环绕一圈	提高幼儿柔韧性，降低运动风险	徒手		

表 5-2　4—5 岁幼儿柔韧素质动作资源库

运动素质	关键动作	具体动作	具体动作分解	锻炼目的	活动器械	活动形式	活动参考
柔韧	静力拉伸法	拉仰大腿内侧	直膝，尽量大幅度向体侧分腿坐在地面，左臂贴近髋前部，右臂头上伸展。呼气，上体尽量从腹部向左侧倾斜。再向右侧重复练习（每次做2×8拍），动作幅度由小到大	提高幼儿柔韧性，放松肌肉	1. 结合体育活动相关器械 2. 徒手	集体体能游戏个别练习	放松
		拉伸腹部和大腿前部	在垫上跪立，脚尖向后，双手扶在臀上，形成背弓，臀部肌肉收缩送髋。呼气，加大背弓，头后仰，张口，逐渐把双手滑向脚跟（重复练习每次保持10秒）				
		拉伸腰部	在垫上仰卧，屈膝，双脚滑向臀部。双手放在膝关节下部。呼气，双手向胸前和肩部牵拉双膝，并提起髋部离开垫子（重复练习每次保持10秒）				

续表

运动素质	关键动作	具体动作	具体动作分解	锻炼目的	活动器械	活动形式	活动参考
柔韧	静力拉伸法	劈叉	幼儿两腿左右开立，慢慢下叉，上体由前倾至直立，腿部逐渐接近地面（坚持10秒）	提高幼儿柔韧性，放松肌肉	1. 结合体育活动相关器械 2. 徒手	集体 体能游戏 个别练习	放松
		动物比赛	幼儿分两组，相对成俯跪姿势，一组先模仿猫的动作，使背部向上拱起；另一组则相反，背部下塌，模仿小马，然后两组交替，看哪组模仿得像（重复6次）				
		编花篮	俯卧在垫子上，双手紧握脚踝，使身体成反弓形，然后慢慢缩短脚与头部的距离（坚持10秒）				

表5-3　5-6岁幼儿柔韧素质动作资源库

运动素质	关键动作	具体动作	具体动作分解	锻炼目的	活动器械	活动形式	活动参考
柔韧	动力拉伸法	颈部练习	头向前、向后、左右（各点两次，2×8拍）；头左转—还原—右转—还原，从右到左、从左到右各绕环一周	提高幼儿柔韧性，放松肌肉，降低运动风险	1. 结合体育活动相关器械 2. 徒手	集体	放松
		烙大饼	两幼儿分别握住小呼啦圈的两侧。向一侧转体的同时两手上举，成背对背姿势，换不同方做。两个幼儿要同时进行。呼啦圈直径在30厘米左右				
		扔绳结	站在线后向前掷绳结，看谁掷得远；在远处设一个标记，看谁掷过标记；坐在地上，看谁掷得远				
		穿绳	双手握绳坐在垫子上，使绳子依次经双腿、臀下至体后，再还原到体前				

续表

运动素质	关键动作	具体动作	具体动作分解	锻炼目的	活动器械	活动形式	活动参考
柔韧	动力拉伸法	快乐的大象	幼儿分成两组站在起跑线后。大象的姿势做好准备：两脚开立，上体前屈两手撑地，两腿伸直，听到开始的口令后，迅速出发，经过15—20米后，绕过标志物跑回，先完成的组获胜	提高幼儿柔韧性，放松肌肉，降低运动风险	1.结合体育活动相关器械 2.徒手	集体	放松
		传球	两幼儿背对背，双脚开立（也可以坐着），人手持皮球或篮球向左后转传递，另外一个人也从左后转接球，然后再向后转，将球从右侧再传给下一个人				
		行进间踢腿	分别进行向前、侧、后的踢腿练习				
	静力拉伸法	拉伸大腿内侧	直膝，尽量大幅度向体侧分腿坐在地面，左臂贴近髋前部，右臂头上伸展。呼气，上体尽量从腹部向左侧倾斜。再向右侧重复练习，动作幅度由小到大	提高幼儿柔韧性，放松肌肉			
		拉伸腹部和大腿前部	在垫上跪立，脚尖向后，双手扶在臀上，形成背弓，臂部肌肉收缩送髋。呼气，加大背弓，头后仰，张口，逐渐把双手滑向脚跟				
		拉伸腰部	在垫上仰卧，屈膝，双脚滑向臀部。双手放在膝关节下部。呼气，双手向胸前和肩部牵拉双膝，并提起髋部离开垫子				
		劈叉	幼儿两腿左右开立，慢慢下叉，上体由前倾至直立，腿部逐渐接近地面				

运动素质	关键动作	具体动作	具体动作分解	锻炼目的	活动器械	活动形式	活动参考
柔韧	静力拉伸法	动物比赛	幼儿分两组，相对成俯跪姿势，一组先模仿猫的动作，使背部向上拱起；另一组则相反，背部下塌，模仿小马，然后两组交替，看哪组模仿得像	提高幼儿柔韧性，放松肌肉	1. 结合体育活动相关器械 2. 徒手	集体	放松
		编花篮	俯卧在垫子上，双手紧握脚踝，使身体成反弓形，然后慢慢缩短脚与头部的距离				

第三编　常用主题与小中大班活动

第六章　森林里的大力士

第一节　小班

森林保卫战

深圳市宝安区机关幼儿园　刘依文

一、活动名称

森林保卫战

二、活动目标

1. 提升幼儿下肢力量，发展肢体协调性。

2. 提高幼儿动态平衡能力。

3. 引导幼儿树立热爱自然环境、保护树木的环保意识。

三、活动准备

器械准备：3组积木呈三级阶梯式摆放、长跳绳4条、敏捷圈3个、12组两个雪糕筒相对放倒、流星球与雪糕筒幼儿人手一个。

经验准备：幼儿已有直线走、折线走、跨越障碍物的动作经验。

四、活动过程

（一）开始部分（3分钟）

教师引导语："小朋友们，森林里的熊大、熊二在保卫森林的时候遇到了一些困难，需要小朋友帮忙，下面我们即将跑步前往森林，请大家注意安全，准备出发！"

（1）幼儿绕场地热身慢跑。

（2）幼儿随音乐做徒手热身操（着重活动大腿与脚部）。

（二）基本部分（10分钟）

1. 三级台阶上下走＋跨越（3分钟）

教师引导语："熊大、熊二说光头强太狡猾了，在森林里设置了陷阱。我们想帮助熊大、熊二需要先通过挑战！"

（1）幼儿在起始线后站成3列纵队。

（2）教师讲解动作要领，并请幼儿示范：三级台阶上下走＋跨越：从起点走到台阶前，上下台阶双手不能触碰物体，接着，来到跨越障碍物处，眼睛注视跑动方向，在快接近障碍物时应放慢速度，注重急停和起动。

（3）幼儿进行鱼贯练习，教师观察幼儿运动情况，调动幼儿情绪，纠正幼儿错误动作。

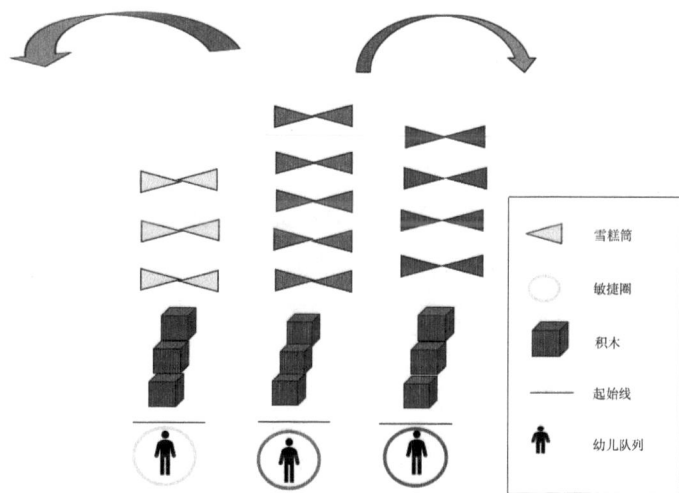

图6-1　"三级台阶上下走＋跨越"练习示意图

2. 三级台阶上下走＋跨越＋倒退走（4分钟）

教师引导语："恭喜你们成功学会本领！接下来，难度增加了，你们有信心吗？"

（1）幼儿在起始线后站成3列纵队。

（2）教师讲解动作要领，并请幼儿示范：跨过障碍物后来到倒退走位置，双脚脚尖朝前，向后倒退走动，走动时异侧手脚同时摆动，眼睛注视脚尖位置。

（3）幼儿进行鱼贯练习，教师观察幼儿运动情况，调动幼儿情绪，纠正幼儿错误动作。

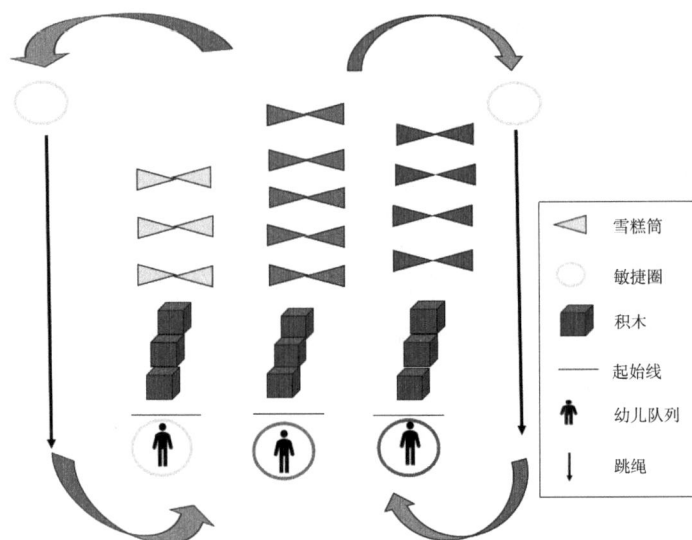

图 6-2 "三级台阶上下走 + 跨越 + 倒退走"练习示意图

3. 游戏：保卫森林（3 分钟）

教师引导语："恭喜你们成功通关，来到了光头强的基地。光头强在山上的树下（雪糕筒下放着流星球）埋了很多宝藏，现在我们分成两队，一队扮演光头强，负责把宝藏藏起来；一队扮演熊大、熊二，负责挖宝藏；当听到爆炸声的时候所有小朋友需要踩回到绳上保护好自己。"

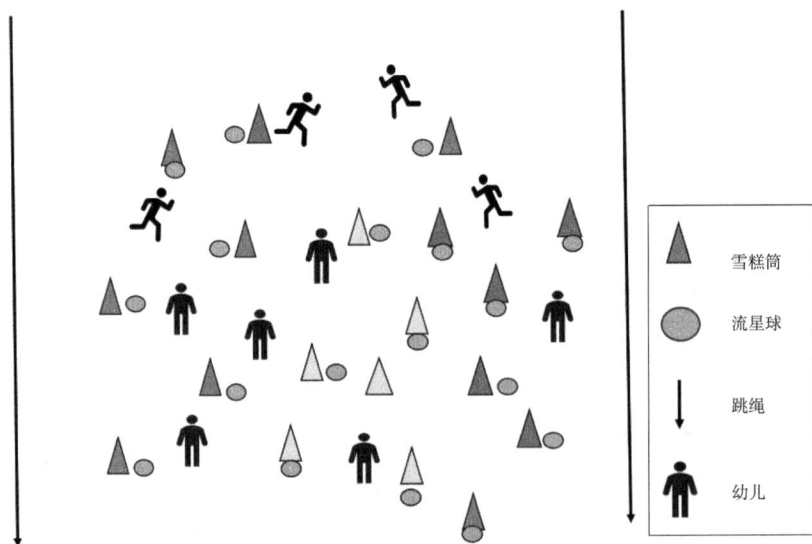

图 6-3 "保护森林"游戏示意图

（三）结束部分（3分钟）

（1）跟随音乐，教师一边做总结一边带领幼儿做放松拉伸（重点拉伸大腿内侧与大脚前部）。

（2）教师和幼儿收拾器械离场。

小兔子逛森林

深圳市宝安区机关幼儿园（集团）兰乔幼儿园 吴志雄

一、活动名称

小兔子逛森林

二、活动目标

1. 帮助幼儿掌握定向四肢爬及侧身行走的动作要领，提高幼儿四肢力量。

2. 发展幼儿下肢力量及躲闪能力。

3. 培养幼儿参加体育活动的兴趣以及活泼开朗的性格。

三、活动准备

器械准备：折叠体操垫4块、标志碟若干、雪糕筒若干。

经验准备：幼儿已有定向四肢爬及侧身行走的动作经验。

四、活动过程

（一）开始部分（3分钟）

教师引导语："小兔子们，我们一起去森林玩耍吧，去往森林的路上注意天气哦，如果遇到下雨天记得打雨伞躲雨。"

（1）绕场地热身慢跑（天晴加速跑，下雨则双手放在头顶做慢走状）。

（2）徒手热身操（着重活动大腿与脚部）。

（二）基本部分（10分钟）

1. 定向四肢爬（3分钟）

教师引导语："不好，前面被一座山挡住了，我们要从山洞里面爬过去。"

（1）幼儿在起始线后站成4列纵队。

（2）教师讲解动作要领，并请幼儿示范：双手、双脚与肩同宽，两膝不触地，异侧手、脚同时向前爬行，眼睛注视指定方向。（注意：膝盖不能着地。）

（3）幼儿进行鱼贯练习，教师观察幼儿运动情况，调动幼儿情绪，纠正幼儿错误动作。

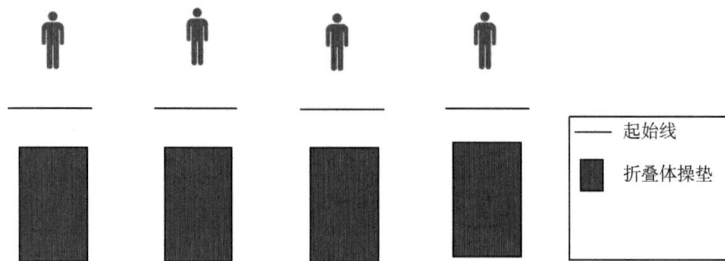

图6-4　"定向四肢爬"练习示意图

2.定向四肢爬＋侧身行走（4分钟）

教师引导语："恭喜你们成功通过山洞！接下来，我们来到了一条小河前，我们需要侧身通过独木桥。"

（1）幼儿在起始线后站成4列纵队。

（2）教师讲解动作要领，并请幼儿示范。

侧身行走：双脚脚尖朝前，侧身移动，移动时眼睛看脚尖位置，往哪个方向移动就哪只脚先动。

（3）幼儿进行鱼贯练习，教师观察幼儿运动情况，调动幼儿情绪，纠正幼儿错误动作。

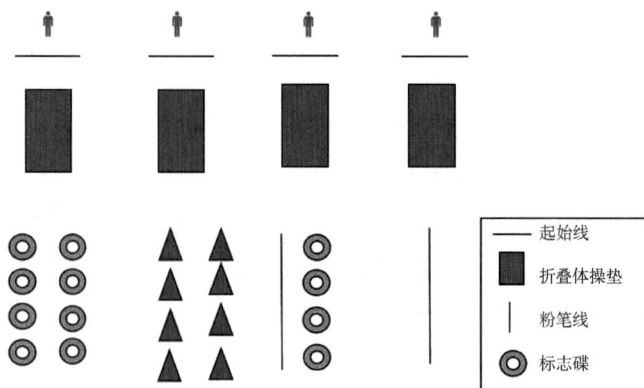

图6-5　"定向四肢爬＋侧身行走"练习示意图

3.游戏：躲避大灰狼（3分钟）

教师引导语："恭喜你们成功来到森林，我们去玩耍吧（双脚跳）！但是大灰狼就在附近，听到口哨声就代表大灰狼来了，小兔子们要马上跑回家（垫子）躲起来。"

（三）结束部分（3分钟）

（1）跟随音乐，教师一边做总结一边带领幼儿做放松拉伸（重点拉伸大腿内侧与大腿前部）。

（2）教师和幼儿收拾器械离场。

小鸭跳水记

深圳市宝安区机关幼儿园（集团）兰乔幼儿园　杨独秀

一、活动名称

小鸭跳水记

二、活动目标

1.通过定向婴儿爬、跨步走、原地并腿跳的动作练习，增强幼儿腿部力量和协调性。

2.激发幼儿积极尝试活动的兴趣和信心。

三、活动准备

器械准备：8块大垫子、16块小积木、20个呼啦圈、音乐。

经验准备：幼儿已有定向婴儿爬、跨步走、原地并腿跳动作的经验。

四、活动过程

（一）开始部分（3分钟）

（1）播放音乐《母鸭带小鸭》，幼儿排好队，老师扮演鸭妈妈，随音乐

《母鸭带小鸭》进场，师幼共同模仿小鸭走。

（2）伴随《母鸭带小鸭》音乐热身（着重活动大腿与脚部）。

（二）基本部分（10分钟）

1.定向婴儿爬＋跨步走（3分钟）

教师引导语："鸭妈妈找到了去小池塘的路线，小鸭子们，我们一起穿越障碍出发吧。"

（1）幼儿在起始线后站4列纵队。

（2）教师讲解动作要领，并请幼儿示范：双手、双脚与肩同宽，两膝着地，异侧手、脚同时向前爬行，眼睛注视指定方向；接着来到小石头处，双脚脚尖朝前，向前跨过石头，手脚同时摆动，眼睛注视前方。

（3）幼儿进行鱼贯练习，教师观察幼儿运动情况，调动幼儿情绪，纠正幼儿错误动作。

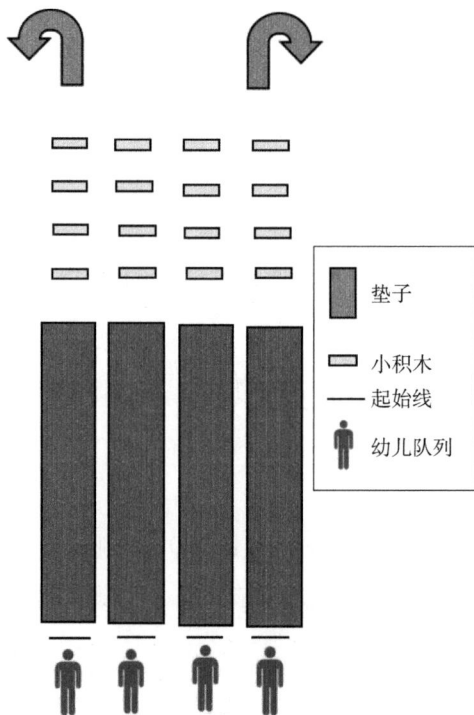

图6-6　"定向婴儿爬＋跨步走"练习示意图

2.定向婴儿爬 + 跨步走 + 原地并腿跳（4 分钟）

教师引导语："恭喜小鸭子们离我们的小池塘越来越近了，路面又增加了一些障碍，有信心穿越过去吗？"

（1）幼儿在起始线后站成 4 列纵队。

（2）教师讲解动作要领，并请幼儿示范。

原地并腿跳：自然站立姿势，双脚并拢，背部挺直，眼睛注视正前方，双脚连续向上跳，跳跃过程中脚跟微微离开地面。

（3）幼儿进行鱼贯练习，教师观察幼儿运动情况，调动幼儿情绪，纠正幼儿错误动作。

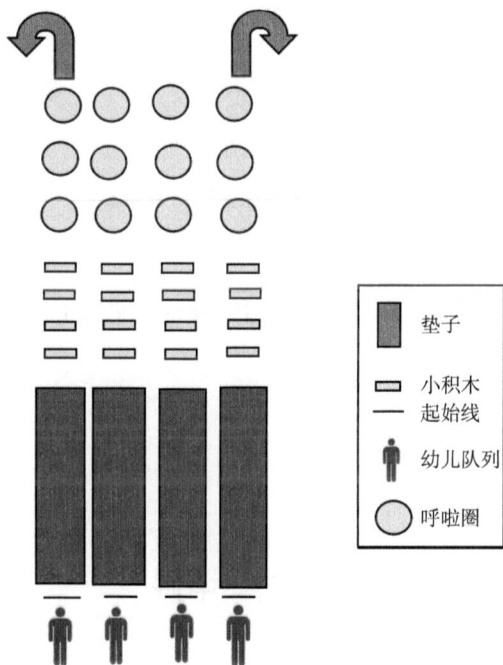

图 6-7 "定向婴儿爬 + 跨步走 + 原地并腿跳"练习示意图

3.游戏：躲避灰太狼（3 分钟）

教师引导语："草原上的灰太狼肚子饿了，想来抓住小鸭子。但是灰太狼不会游泳，小鸭子们如果看到了灰太狼可以跳到小池塘里面蹲下来，这样灰太狼就抓不住小鸭子了。如果灰太狼没过来，小鸭子们就可以出来走一走、玩一玩。"

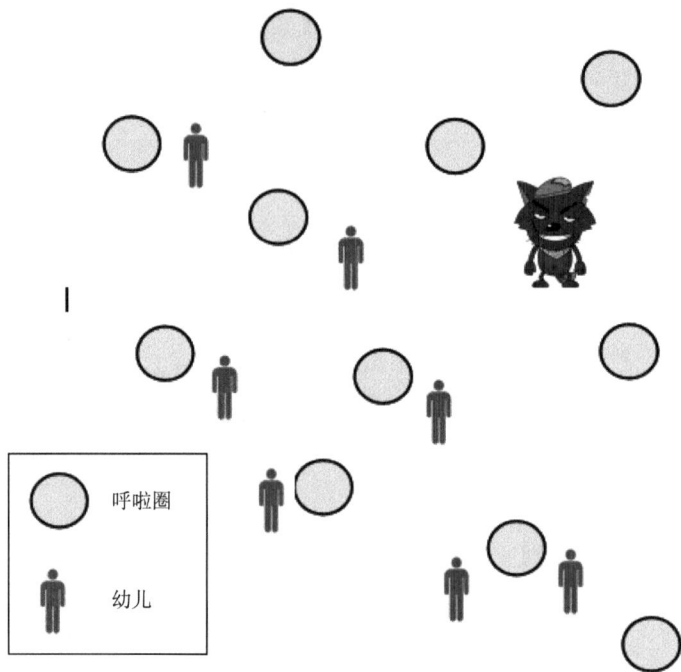

图 6-8　"躲避灰太狼"游戏示意图

（三）结束部分（3分钟）

（1）跟随音乐，教师一边总结一边带领幼儿做放松拉伸（重点拉伸大腿内侧与大腿前部）。

（2）教师和幼儿收拾器械离场。

第二节　中班

蚂蚁搬家

深圳市宝安区机关幼儿园（集团）兰乔幼儿园　童金柱

一、活动名称

蚂蚁搬家

二、活动目标

1.引导幼儿熟练掌握匍匐前进的动作要领。

2.提升幼儿上肢力量与核心力量。

3.幼儿体验团队合作的快乐与重要性。

三、活动准备

器械准备：折叠垫子12块、体操垫7块、跨栏5个、泡沫砖若干。

经验准备：幼儿已初步掌握匍匐前进、跳上跳下、支撑侧跳、助跑跨跳的动作要领。

四、活动过程

（一）开始部分（3分钟）

（1）幼儿排成两队，教师带领幼儿绕跑两圈。

（2）散开站点，随音乐做律动热身操（重点活动上肢）。

（二）基本部分（20分钟）

1.第一次练习：跳上跳下＋匍匐前进（5分钟）

教师引导语："今天我们要变成蚂蚁，通过挑战收集砖块来搭建房子。"

（1）幼儿在起始圈后站成4列纵队，每排前4位幼儿蹲下。

（2）请幼儿示范，教师同步讲解动作要领。

跳上跳下：双脚开立，脚尖平行，屈膝深蹲，两臂自然后举，两腿同时跳起，站稳后再跳下，双脚同时跳下时前脚掌先着地，膝盖自然弯曲卸力。

匍匐前进：采用俯卧姿势，目视前方，左手屈肘在前，右手团胸，右腿屈膝约90°，脚掌蹬地，左腿保持伸直状态，手脚同时发力，左右交替前进。

（3）提醒幼儿自行观察出发（前面的幼儿通过第一个挑战时出发）；通过挑战后拿到一块泡沫砖从两边返回队伍后面。幼儿进行鱼贯练习时，教师观察幼儿运动情况，调动幼儿情绪，及时纠正幼儿错误动作。

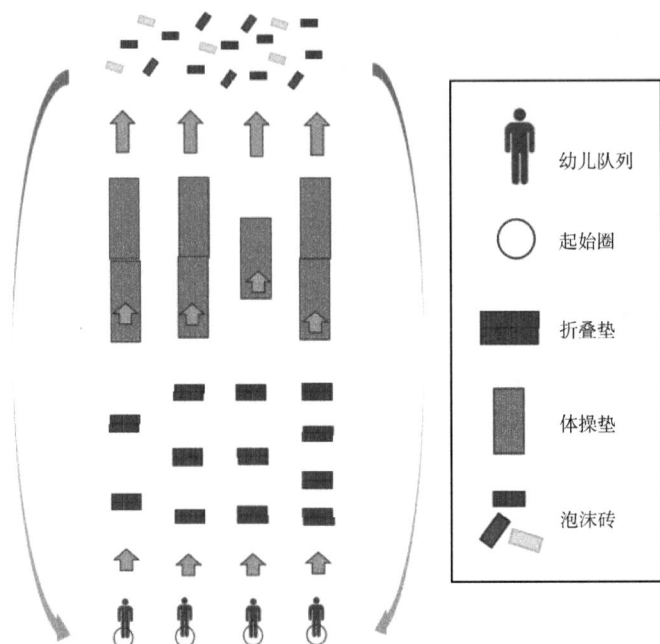

图 6-9 "跳上跳下 + 匍匐前进"练习示意图

2. 第二次练习：支撑侧跳 + 匍匐前进 + 助跑跨跳（5 分钟）

教师引导语："你们真厉害，收集了那么多砖块，但还是不够，需要继续收集。你们要小心，挑战变得更难了。"

（1）幼儿在起始圈后站成 4 列纵队，每排前 4 位幼儿蹲下。

（2）请幼儿示范，教师同步讲解动作要领。

支撑侧跳：双脚并拢站立，膝盖微弯下蹲，双手与肩同宽撑住，腹部收紧，以身体为中心线，双腿蹬地脚并拢跳向另一边。

匍匐前进：采用俯卧姿势，目视前方，左手屈肘在前，右手团胸，右腿屈膝约 90°，脚掌蹬地，左腿伸直状态，手脚同时发力，左右交替前进。

助跑跨跳：中等速度跑，不减速，不倒退，蹬腿快速有力，摆腿方向正，幅度大，落地轻，继续向前几步不停顿。

（3）提醒幼儿自行观察出发（前面的幼儿通过第一个挑战时出发）；幼儿进行鱼贯练习时，教师观察幼儿运动情况，调动幼儿情绪，纠正幼儿错误的动作。

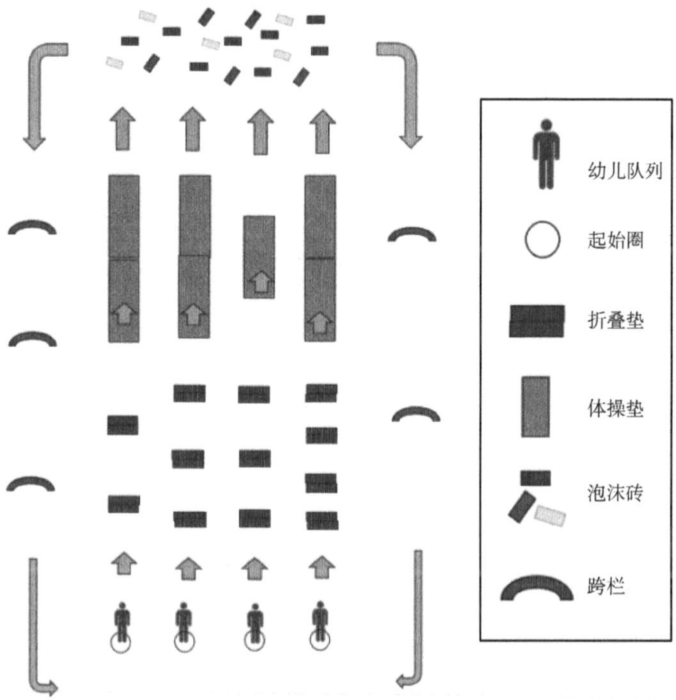

图 6-10 "支撑侧跳 + 匍匐前进 + 助跑跨跳"练习示意图

3. 自主探索：搭建房子（5 分钟）

教师引导语："感谢你们收集到了那么多砖块，你们合作用来搭建有趣的家吧。"

幼儿利用垫子自主搭建—集合幼儿分享—再次让幼儿搭建。

4. 游戏：蚂蚁搬家（5 分钟）

教师引导语："你们合作搭建的房子真有趣。现在我们要准备搬家啦，路上要小心食蚁兽！"

（1）教师讲解游戏规则：每四个幼儿合作用手托举起垫子行走视为搬家，哨声响起，幼儿要在倒计时内利用垫子合作搭成能保护所有人的家视为胜利。

（2）游戏进行两次。根据幼儿完成情况提高难度（如减少搭建时间）以增加趣味性。

（三）结束部分（2 分钟）

（1）教师总结：有针对性地表扬幼儿的亮点，并对可改善方面进行鼓励。

（2）跟随音乐，教师一边做总结一边带领幼儿做放松拉伸（重点拉伸上肢）。

（3）幼儿和教师一起收拾器械离场。

小老鼠学本领

深圳市宝安区机关幼儿园（集团）兰乔幼儿园　许惠群

一、活动名称

小老鼠学本领

二、活动目标

1. 发展幼儿四肢和躯干肌肉力量，提高动作的协调性与灵敏性。

2. 发展幼儿协调、平衡能力及快速反应能力。

3. 培养幼儿主动挑战自我的勇气。

三、活动准备

器械准备：长方形垫子、正方形垫子、运动方舟、箭头、各环节的音乐及移动音箱。

经验准备：幼儿已初步掌握匍匐前进、支撑跳的动作要领，有抓悬空吊的经验。

四、活动过程

（一）开始部分（5分钟）

（1）幼儿绕场地慢跑两圈。

（2）随音乐进行动态热身操。

（二）基本部分（18分钟）

1. 小老鼠学本领（5分钟）

教师引导语："小老鼠们马上就要自己出去找食物了，你们要学会躲避危险。"

（1）侧身四肢爬 + 运动方舟。

一名幼儿示范，其余幼儿半蹲，教师同步讲解动作要领：双手、双脚与肩同宽，膝盖离地，同侧手、脚同时向一侧爬行，颈部微抬，眼睛注视移动方向，往哪个方向移动就哪侧手脚先动（幼儿进行鱼贯练习）。

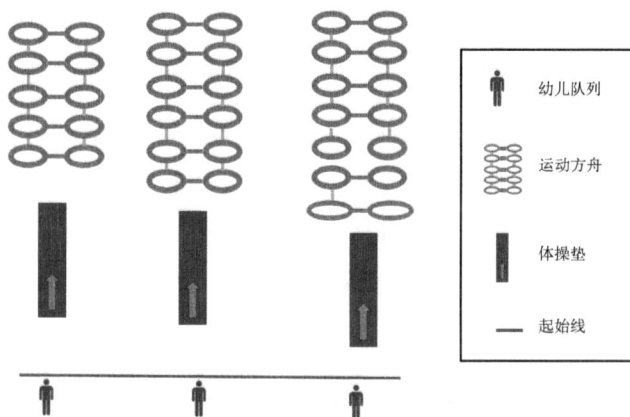

图 6-11　"侧身四肢爬"练习示意图

（2）支撑左右跳 + 蹲撑跳。

一名幼儿示范，其余幼儿半蹲，教师同步讲解动作要领：双脚并拢站立，膝盖微弯下蹲，双手与肩同宽撑地，腹部收紧，以身体为中心线，双腿蹬地，脚并拢，跳向身体左边，再跳向身体右边，依次重复支撑向左右跳。

（幼儿进行鱼贯练习，教师观察幼儿运动情况，调动幼儿情绪，纠正幼儿错误动作。）

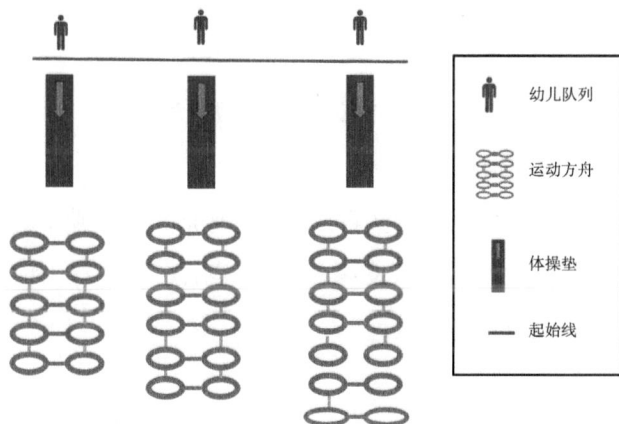

图 6-12　"支撑左右跳 + 蹲撑跳"练习示意图

2.交换分组（5分钟）

教师引导语：“小老鼠们完成了两项挑战，勇气可嘉。接下来的关卡难度加大了，小老鼠们，学习新本领外出路途中你们要仔细观察，及时帮助遇到困难的小伙伴，相信你们一定可以顺利完成。”

3.终极考验（4分钟）

（1）集中队伍于场地中心位置，一名幼儿示范，其余幼儿半蹲，教师同步讲解动作要领、规则及路线：任选关卡从起始线出发，侧身四肢爬爬过体操垫，自由选择任意一种安全有序的方式快速通过平衡区，攀爬过万能工匠后到达支撑左右跳区域，遇到障碍时自由选择用挪、跨、翻越等方式循环挑战。

（2）侧身四肢爬（运动方舟平衡区，万能工匠攀爬区）。

（3）支撑左右跳。

（幼儿进行鱼贯练习，教师观察幼儿运动情况，调动幼儿情绪，纠正幼儿错误动作。）

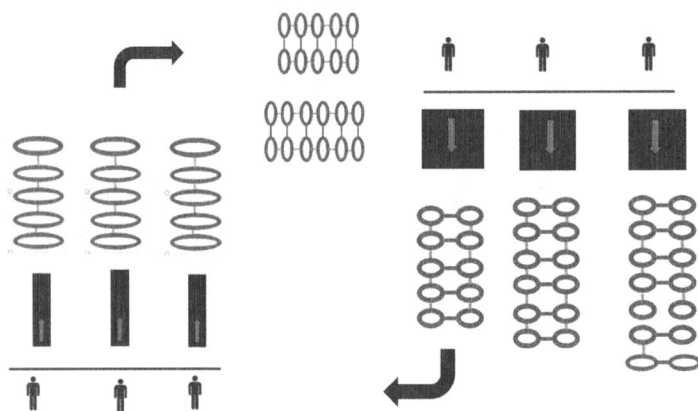

图6-13　“终极考验”活动示意图

4.反应游戏：抢夺勋章（4分钟）

（1）小老鼠们分成两组，两队竞抢，比一比谁先抢到勋章。

比赛规则：幼儿原地做平板支撑，听到口哨立刻起立，往反方向摸器械跑回来，谁先拿到勋章谁就获胜。

（2）游戏进行3—4次。

教师引导语：“小老鼠们今天有没有被抓住？你们都很勇敢，你们长大了，可以自己出门寻找食物了！"

（三）结束部分（3分钟）

（1）听音乐做静态拉伸（全身放松，拉伸下肢肌群）。

（2）幼儿收拾器械离场。

森林大力士探险

深圳市宝安区机关幼儿园（集团）兰乔幼儿园　杨慧莹

一、活动名称

森林大力士探险

二、活动目标

1. 锻炼幼儿的上肢和下肢力量，提高身体耐力与持久力，增强核心力量。

2. 引导幼儿能够掌握支撑左右跳、匍匐前进的基本动作，发展身体的整体协调性。

3. 帮助幼儿增强勇气与自信，让幼儿体验合作完成任务的成就感。

三、活动准备

器械准备：体操垫6块、梅花桩15个、平衡木3条、雪糕筒12个、沙包若干个、彩虹球8个、海绵棒1根。

经验准备：幼儿已经初步了解支撑左右跳和匍匐前进的动作要领。

四、活动过程

（一）开始部分（5分钟）

（1）热身运动：播放欢快的音乐，带领幼儿绕场地慢跑，加入S跑、障碍跑和摸高跳的元素。幼儿在跑步中逐步提高身体温度，激活全身肌肉。完成慢跑后，排成6列纵队，准备进行徒手操热身。

（2）徒手操热身：配合音乐，进行头部、伸展、体侧、跳跃、整理等运动，重点加入左右跳的核心力量练习。

（二）基本部分（16分钟）

1.分组练习：力量探险挑战（8分钟）

教师引导语："森林里有一只破坏大王，它在各处设置了障碍，等着考验你们这些森林大力士。只有穿过这些障碍，你们才能找到隐藏的力量水晶，打败破坏大王！A组大力士跟着A老师，B组大力士跟着B老师，开始我们的力量挑战吧！"

（1）A组：支撑左右跳+绕跑。

教师引导语："你们来到了第一个关卡——'力量河'，需要通过支撑左右跳才能过河，谁愿意第一个挑战？"

①幼儿在起点后排成3列纵队。

②教师讲解动作要领，并请幼儿示范：双脚并拢站立，膝盖微弯下蹲，双手与肩同宽撑地，腹部收紧，以身体为中心线，双腿蹬地，脚并拢，跳向身体左边，再跳向身体右边，依次重复支撑向左右跳，完成后绕过雪糕筒障碍返回起点。

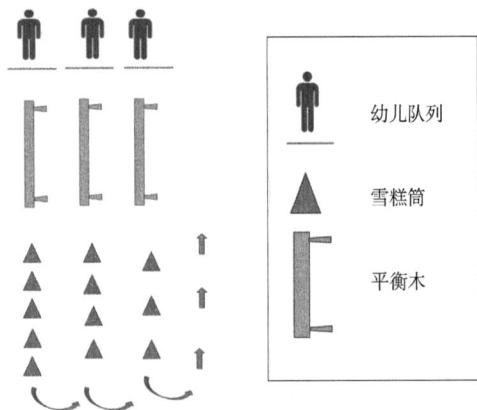

图6-14 "支撑跳左右跳+绕跑"练习示意图

（2）B组：走平衡+匍匐前进。

教师引导语："你们现在来到'重物谷'，需要用力量搬运沙包走平衡穿越这个谷底，之后用匍匐前进的动作通过草坪，谁准备好挑战了？"

①幼儿在起点后排成 3 列纵队。

②教师讲解动作要领，并请幼儿示范。

走平衡：双脚自然站立，与肩同宽，微屈膝，前倾身，重心落于前脚掌；行进时，脚步小且匀；眼睛注视前方一个固定点，双臂向身体两侧伸展；结束时，先停顿，再离开平衡设施。

匍匐前进：采用俯卧姿势，目视前方，左手屈肘在前，右手团胸，右腿屈膝约 90°，脚掌蹬地，左腿保持伸直状态，手脚同时发力，左右交替前进。

（3）A、B 两组交换练习。

A、B 两组交换器材和任务，根据每组幼儿的运动情况，调整练习节奏，鼓励孩子们合作完成任务。

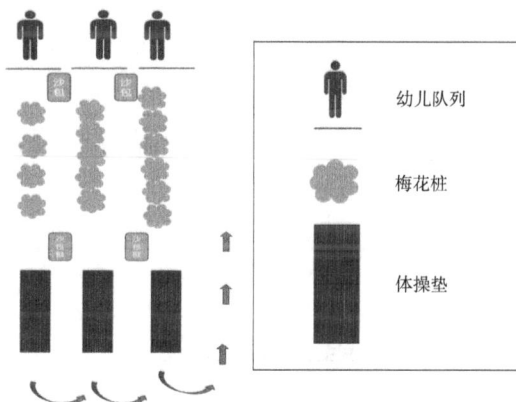

图 6-15 "走平衡 + 匍匐前进"练习示意图

2.循环游戏：寻找力量水晶，打败破坏大王（8 分钟）

教师引导语："恭喜你们成功完成了第二个挑战！现在你们需要在森林里找到力量水晶，并躲开破坏大王的攻击。大王喷火时，大家要迅速离开地面或藏到安全区域。"

游戏规则：幼儿从不同起点出发，支撑左右跳→S 跑→匍匐前进→走平衡，完成一个循环。

在游戏的最后一次循环中，力量水晶（彩虹球）出现，当破坏大王（由教师扮演，拿海绵棒模仿喷火动作）出现时，幼儿需迅速找到平衡木、体操垫、梅花桩等安全区进行躲避，等喷火结束时，幼儿通过所有挑战环节摸高跳触碰到力量水晶，游戏结束。

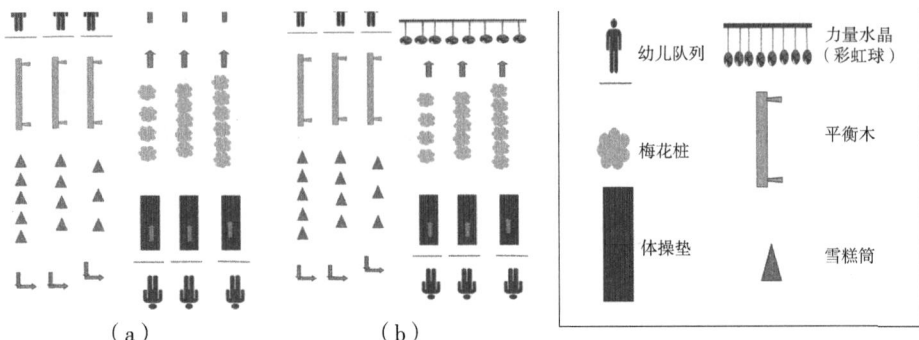

（a）无破坏大王时的游戏示意图；（b）有破坏大王和力量水晶时的游戏示意图

图6-16 "寻找力量水晶，打败破坏大王"游戏示意图

（三）结束部分（3分钟）

（1）放松整理运动：伴随舒缓的音乐，教师带领幼儿调整呼吸，进行简单的伸展与拉伸，放松上肢、腿部、背部等肌肉。

（2）活动总结：教师表扬孩子们在探险中的表现，并鼓励他们下次继续挑战，提升力量与勇气。幼儿协助教师整理器材。

第三节　大班

丛林历险记

深圳市宝安区机关幼儿园　黄晓倩

一、活动名称

丛林历险记

二、活动目标

1.锻炼幼儿上下肢力量和核心力量，发展手脚协调能力。

2.提高幼儿反应能力和协调能力，培养幼儿空间感、速度感。

3.培养幼儿勇于挑战的精神。

三、活动准备

器械准备：跳绳、长积木各 5 条，跨栏 6 个，泡沫砖 6 块，雪糕筒若干。

经验准备：幼儿已有折线倒退爬、跨栏、折线侧滑步的动作经验。

四、活动过程

（一）开始部分（5 分钟）

（1）幼儿绕场地慢跑（设置固定障碍，配课教师手握海绵棒做扫描状，高处幼儿钻过，低处幼儿跨过），慢跑完毕后，幼儿踏步站成 6 列纵队。

（2）随音乐做徒手操，依次做伸展、体转、腹背、侧滑步、踢腿、跳跃、手腕脚踝关节放松等运动（加入高抬腿跳的动作）。

教师引导语："小朋友们，今天我们要去森林里探险，小动物设置了很多关卡，我们赶快出发吧。请小朋友们到达练习场地开始分组闯关！"

（二）基本部分（14 分钟）

1. 分组练习（8 分钟）

（1）A 组：S 形绕跑 + 连续助跑跨跳。

教师引导语："我们来到了小动物们设下的第一道关卡，需要快速地穿越丛林。小朋友们准备好了吗？来看看我们需要怎样通过吧！"

①幼儿在起始线后站成 2 列纵队。

②教师讲解动作要领，并请幼儿示范：按地面 S 形方向快速跑动，不偏离 S 形路线，眼睛看前方，然后向前连续助跑跨跳（助跑距离约 4—5 步），向前跑动中一条腿用力蹬地，另一条腿向上跳起，摆腿方向正，幅度大，落地轻，继续向前跨跳后回到队尾。

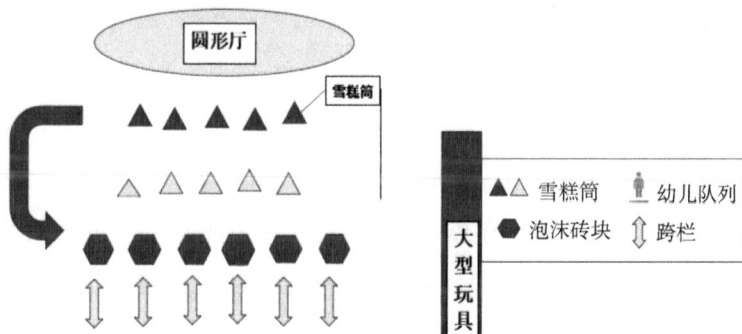

图 6-17　"S 形绕跑 + 连续助跑跨跳"练习示意图

（2）B组：折线侧滑步＋折线倒退走。

教师引导语："现在你们来到了沼泽地，需要用折线侧滑步和折线倒退走的方式通过，你们准备好了吗？"

①幼儿在起始线后站成2列纵队。

②教师讲解动作要领，并请幼儿示范。

折线侧滑步：幼儿侧身自然站立，左脚在前，右脚在后，左脚脚尖朝向终点方向，膝盖稍微弯曲，左脚发力，右脚紧跟其后，向终点位置出发，到达下一目标物时双脚交换。

折线倒退走：双脚脚尖朝前，两腿打开，身体自然向后倒退走，双臂自然摆动，眼睛看地面线条位置，到达终点后回到队尾。

（3）A、B两组交换练习，教师观察幼儿运动情况，调动幼儿情绪，纠正幼儿错误的动作。

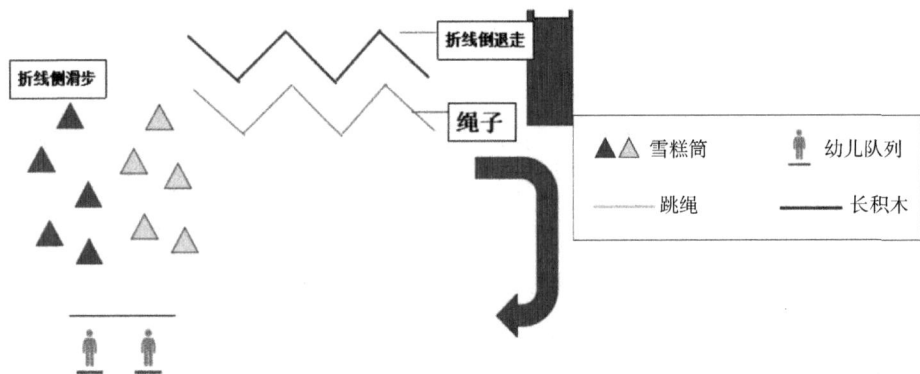

图6-18　"折线侧滑步＋折线倒退走"练习示意图

2.综合闯关＋游戏（6分钟）

（1）幼儿鱼贯练习。

教师引导语："经过大家的努力，我们顺利通过了第二道关卡，接下来面临的是难度最高的关卡，这一关还会出现宝藏哦！如果你发现了就快速捡起来，放到我们的宝藏箱里。在找寻宝藏时随时会出现危险，听到警报声响起，请快速去到最近的宝藏箱保护宝藏，不然就会被盗贼偷走。我们要如何安全地通过呢？一起来看一看吧。"

①教师请 2 名幼儿同时进行不同路线的示范，引导其他幼儿观察并讲解动作要领和注意事项：S 形绕跑→连续助跑跨跳→寻宝→折线侧滑步→折线倒退走→放宝藏，完成一个循环。

②幼儿分成两组在不同关卡出发，进行鱼贯练习，教师观察幼儿运动情况。

（2）游戏：收集宝藏。

①教师随机放置宝藏（乐高），幼儿进行收集并保护。

②玩法：当音乐响起时，幼儿通过器械，捡起一个宝藏，然后放至相应的宝藏箱。听到警报声，盗贼将会出击抢宝藏，所有孩子要一起围住宝藏箱，对其进行保护，游戏玩 3—4 遍。

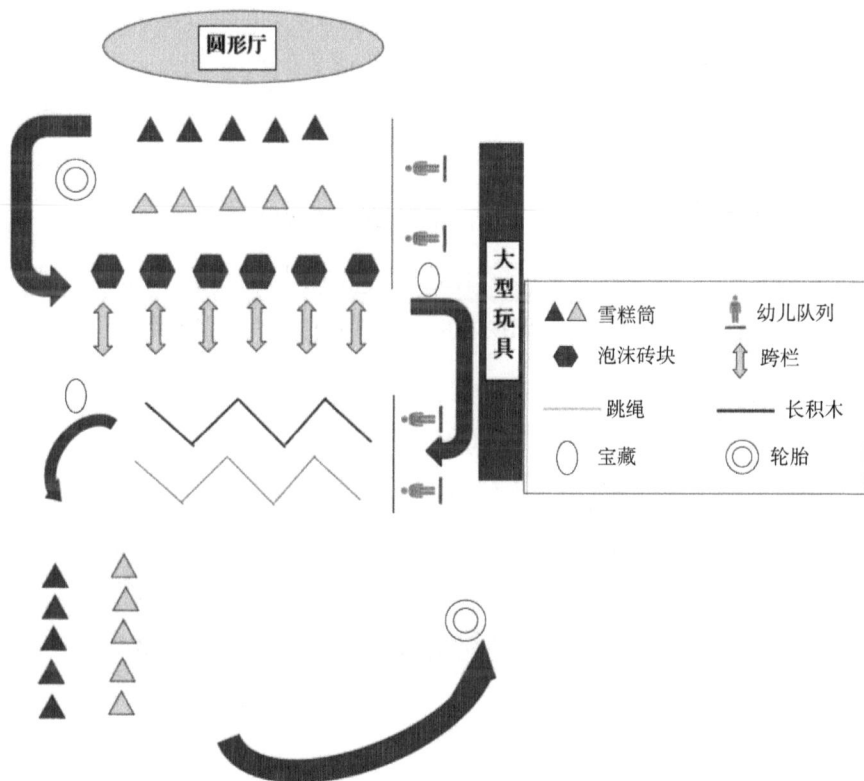

图 6-19　"综合闯关"活动与"收集宝藏"游戏示意图

（三）结束部分（3 分钟）

教师引导语："孩子们真勇敢！顺利通过了所有关卡，不仅探险成功，还收集到了宝藏。现在让我们一起放松休息吧！"

（1）跟随音乐，教师带领幼儿做放松拉伸（全身放松，重点拉伸上下肢肌群）。

（2）教师和幼儿收拾器械离场。

冲啊！王者

深圳市宝安区机关幼儿园　李婷婷

一、活动名称

冲啊！王者

二、活动目标

1. 锻炼幼儿上下肢力量，发展腿部力量和协调能力。

2. 提升幼儿手眼协调能力与动作速度，增强团队合作意识和竞争意识。

3. 帮助幼儿在活动中克服胆怯心理、树立自信心，体验与同伴合作的快乐。

三、活动准备

器械准备：海绵棒 2 条、雪糕筒 12 个、敏捷圈 6 个、敏捷梯 2 个、大体操垫 6 块、跳马 2 个、跳箱 1 个、组合梯 1 套、矮平衡木 1 条、五阶跳箱 1 个、2 个空筐、若干个铃铛球。

经验准备：幼儿已初步学习进进出出走、跳鞍马和侧爬动作要领。

四、活动过程

（一）开始部分（5 分钟）

（1）幼儿听音乐跟随教师绕场地慢跑（设置固定障碍，配课教师手握海绵棒做扫描状，高处幼儿钻过，低处跨过），慢跑后在器械空隙处，踏步成 6 列纵队。

（2）随音乐做徒手操热身，依次做头部、肩部、伸展、体侧、腹背、下蹲、踢腿、前后跳、手腕脚踝关节放松等运动（操节加入原地支撑开腿跳核心力量练习动作）。

（二）基本部分（16分钟）

1. 分组练习：分组挑战赛（8分钟）

教师引导语："欢迎大家来到王者训练基地，本次通关分为三个等级，三个等级挑战成功就能成为最强王者！有信心挑战吗？首先来到的是等级一：分组挑战赛。"（幼儿分为A、B两组，听到口哨声，A、B组到达挑战位置）

（1）A组：进进出出走＋跳鞍马。

①幼儿在起始线后站成3列纵队。

②教师讲解动作要领，并请幼儿示范。

进进出出走：双脚自然分开，膝盖微屈，左右脚先后走入圈内（注意：哪只脚先进圈就哪只脚先走出圈外，过程中脚跟微微离开地面）。

跳鞍马：有节奏地逐渐加速助跑，两手支撑器械，并脚起跳，空中分腿，并脚落地；落地后从一侧回到队尾。

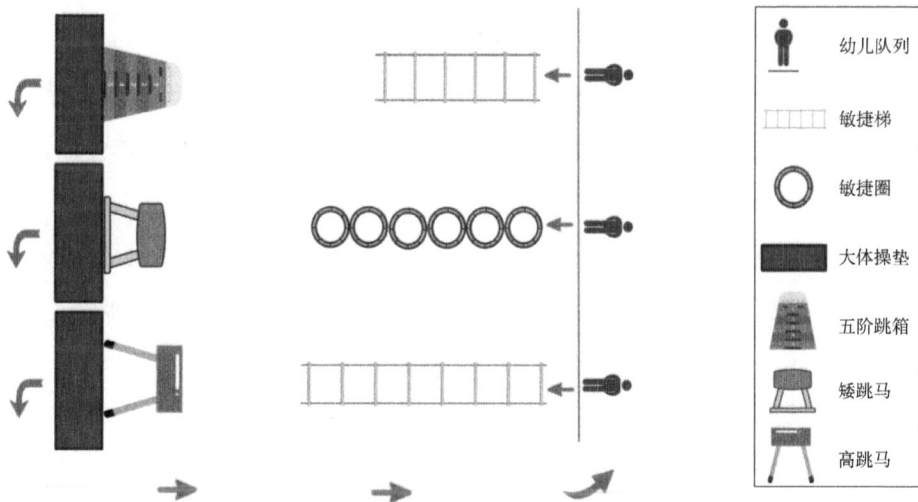

图6-20 "进进出出走＋跳鞍马"练习示意图

（2）B组：半倒立侧爬＋S形绕跑。

①幼儿在起始线后站成3列纵队。

②教师讲解动作要领，并请幼儿示范：双手与肩同宽支撑于地面，将双脚放于平衡板上，做侧身移动动作，往哪个方向爬行同侧手脚同时移动，抬头眼睛注视移动方向。（注意：腹部要收紧；接着S形绕跑过雪糕筒。）

教师引导语："恭喜你们通过等级一挑战，现在将升级到等级二，有没有信心挑战成功？"

（3）A、B两组交换挑战场地，教师观察幼儿运动情况，调动幼儿情绪，纠正幼儿错误动作。

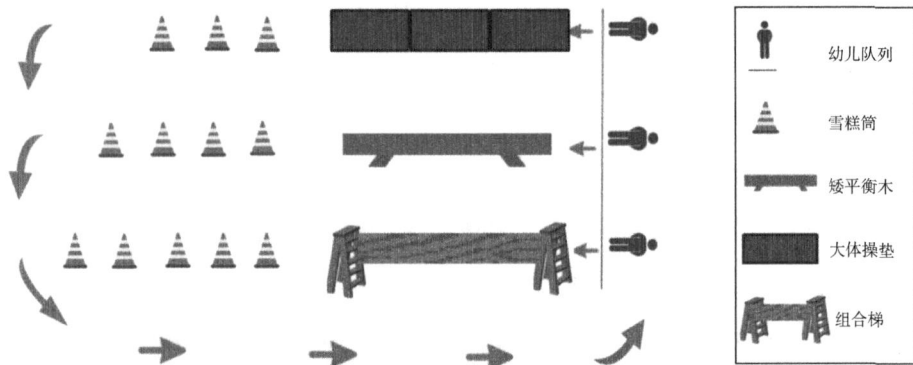

图6-21 "半倒立侧爬+S形绕跑"练习示意图

2. 循环游戏：寻找炸弹，争夺王者（8分钟）

教师引导语："你们太厉害了，等级二也顺利通过了！接下来就要挑战等级三，争夺最强王者啦！小朋友们分为A、B两队，哪一队收集的炸弹最多即为王者。"

（1）教师请配课教师和一名幼儿同时进行不同路线的示范，引导其他幼儿观察并讲解动作要领和注意事项：进进出出走→跳鞍马→半倒立侧爬→S形绕跑→寻炸弹，完成一个循环。

（2）幼儿自选出发点寻找炸弹放到自己队伍的筐里，听到怪兽的声音要赶紧回到自己的队伍场地。全部小朋友手搭肩做成围栏把收集到的炸弹保护起来，不让怪兽入侵抢夺炸弹。

（3）游戏进行，教师观察幼儿游戏情况。游戏结束，教师和幼儿一起统计A、B两组收集到的炸弹，并对活动进行小结。

教师引导语："恭喜 ×× 队成为最强王者，没成为最强王者也没关系，还有一次机会。你们有信心吗？"继续第二次游戏……（教师可视幼儿的运动情况考虑是否增加第二次游戏）

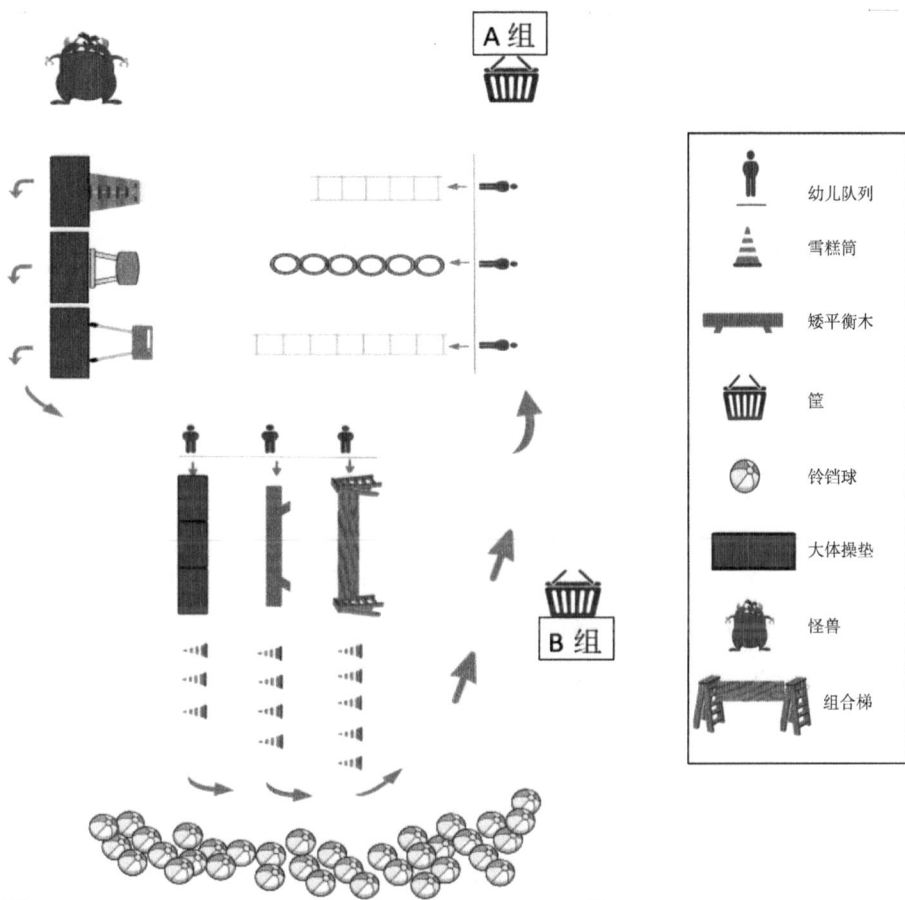

幼儿队列	
雪糕筒	
矮平衡木	
筐	
铃铛球	
大体操垫	
怪兽	
组合梯	

图 6-22 "寻找炸弹，争夺王者"游戏示意图

（三）结束部分（3 分钟）

教师引导语："经过你们的合作寻找到了很多炸弹，你们太厉害了！请给勇敢的王者们送上掌声！勇敢能让我们战胜一切困难！现在让我们一起去放松一下！"

（1）跟随音乐，教师带领幼儿做放松拉伸（调整呼吸，拉伸上肢、大腿内侧、腹部、腰部等部位）。

（2）教师和幼儿收拾器械离场。

勇敢的解放军

深圳市宝安区机关幼儿园（集团）兰乔幼儿园　陈敏芬

一、活动名称

勇敢的解放军

二、活动目标

1. 帮助幼儿熟练掌握交叉走和支撑左右跳的动作，提高幼儿平衡能力和协调性。

2. 锻炼幼儿身体灵敏性。

3. 激发幼儿乐于参与体育游戏的兴趣，让幼儿体验游戏的乐趣。

三、活动准备

器械准备：雪糕筒 12 个、体操垫 8 块、平衡木 7 条、轮胎 6 个、万能工匠 2 组、标志碟若干、移动音箱、各环节音乐。

经验准备：幼儿已初步学习交叉走、匍匐前行、支撑左右跳的动作要领，且有投掷的经验。

四、活动过程

（一）开始部分（5 分钟）

（1）教师带领幼儿跑步进场，边跑边跨过障碍物。

（2）随音乐做徒手操，依次做头部、伸展、体侧、腹背、跳跃、整理等运动。

（二）基本部分（14 分钟）

1. 分组练习：勇闯敌军（8 分钟）

教师引导语："战士们，今天我们要闯入敌营，把炸弹扔进敌军的军火库，消灭敌人。"

（1）A组：穿越封锁线。

①幼儿在起始线后站成3列纵队。

②教师讲解动作要领，并请幼儿示范。

交叉走：双脚并拢自然站立，向终点方向迈出第一只脚，后脚迈出在前脚后侧位置，其后形成交叉步态，然后前脚再继续向终点方向迈出下一步，依此循环。

匍匐前行：采用俯卧姿势，目视前方，左手屈肘在前，右手团胸，右腿屈膝约90°，脚掌蹬地，左腿保持伸直状态，手脚同时发力，左右交替前进。

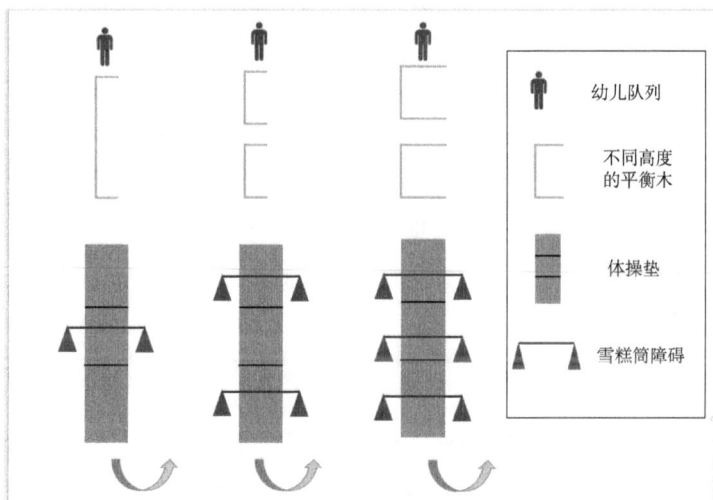

图6-23 "穿越封锁线"活动示意图

（2）B组：炸毁军火库。

①幼儿在起始线后站成3列纵队。

②教师讲解动作要领，并请幼儿示范。

支撑左右跳：双脚并拢站立，膝盖微弯下蹲，双手与肩同宽撑地，腹部收紧，以身体为中心线，双腿蹬地，脚并拢，跳向身体左边，再跳向身体右边，依次重复支撑向左右跳。

投掷（投远）：能单手将沙包等掷过约4米。预备时能侧向站立，重心落于后腿，引臂向后，投时能全身协调用力将沙包向前上方投出，能控制出手的方向和角度。

（3）A、B两组交换练习，教师观察幼儿运动情况，鼓励幼儿大胆挑战。

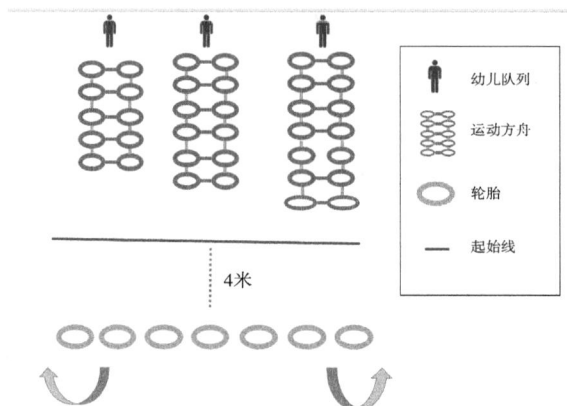

图 6-24 "炸毁军火库"活动示意图

2. 循环游戏：野战军（6分钟）

教师引导语："敌军的军火库被我们炸毁了，现在我们要打入敌人的军营，从我方军营出发，走过独木桥，匍匐前进爬过电网，跳过雷区，跑到投掷线，从地上捡起手榴弹（沙包），投向敌人（轮胎），炸毁敌人的军营。"（游戏可反复进行。）

（1）教师请配课教师进行不同路线的示范，引导幼儿观察并讲解动作要领和注意事项：交叉走→匍匐爬→左右支撑跳→投掷，完成一个循环。

（2）游戏进行，教师观察游戏情况，及时鼓励幼儿。

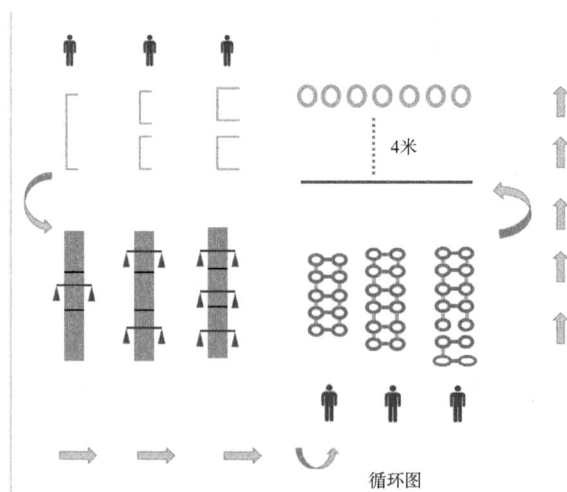

图 6-25 "野军战"游戏示意图

（三）结束部分（2分钟）

教师引导语："通过你们的坚持与努力，终于把敌人都打败了，恭喜所有的解放军取得胜利！"

（1）跟音乐随教师，一起进行身体各部位拉伸放松（重点放松下肢及身体核心部位）。

（2）教师和幼儿一起收拾器械离场。

第七章　荡秋千的蜘蛛

第一节　小班

小兔子采蘑菇

深圳市宝安区机关幼儿园（集团）假日名居幼儿园　郑婷玉

一、活动名称

小兔子采蘑菇

二、活动目标

1. 帮助幼儿掌握平衡木直线走、持物走、平衡半球跳的动作要领，提高身体平衡协调能力。

2. 提高幼儿动态平衡能力，促进其前庭觉发展。

3. 激发幼儿敢于挑战、不怕困难的运动品质。

三、活动准备

器械准备：低矮平衡木3条、平衡板9个、平衡半球8个、雪糕筒6个、敏捷圈3个、标志碟若干。

经验准备：幼儿已有平衡木直线走、持物走、平衡半球跳的动作经验。

四、活动过程

（一）开始部分（3分钟）

教师引导语："小兔子们，森林里蘑菇大丰收了，兔妈妈要带你们去采蘑菇，勇敢的小兔子只有穿越森林的阻碍才能采到蘑菇，让我们一起来挑战吧！"

（1）绕场地热身慢跑。

（2）徒手热身操（着重活动下肢）。

（二）基本部分（10分钟）

1. 平衡木直线走（3分钟）

教师引导语："森林里的小桥出现了，走的时候要小心，我们开始练习通过小桥吧！"

（1）幼儿在敏捷圈后站成3列纵队。

（2）教师讲解动作要领，并请幼儿示范：双脚脚尖朝前，呈前后站立姿态，双脚平稳交替向前迈进，眼睛注视脚尖位置，双手侧平举。

（3）幼儿进行鱼贯练习，教师观察幼儿运动情况，调动幼儿情绪，纠正幼儿错误动作。

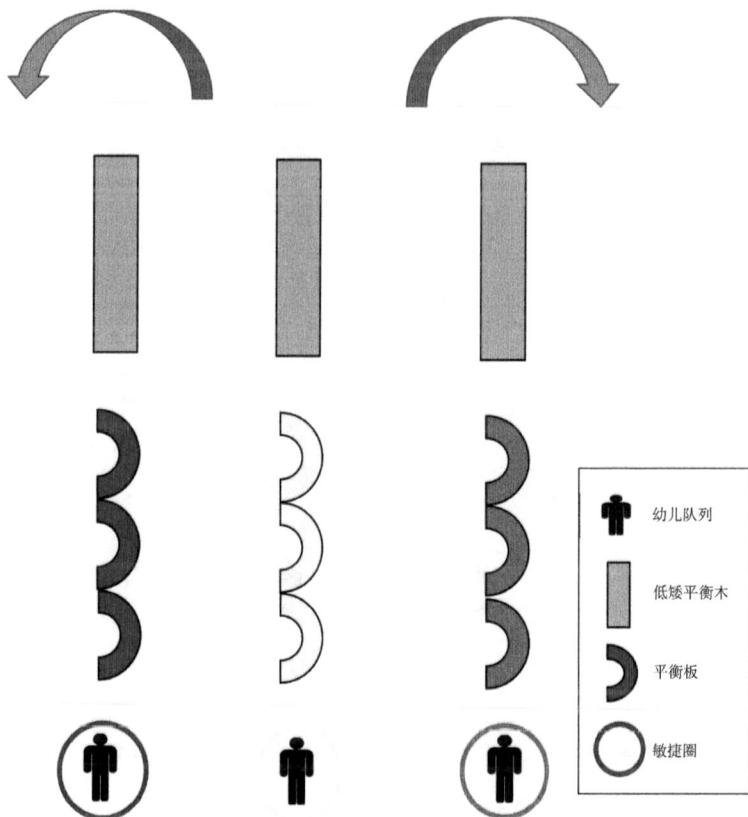

图 7-1　"平衡木直线走"练习示意图

2. 跨越 + 持物走 + 平衡半球跳（4分钟）

教师引导语："小兔子们真厉害，过小桥没有难倒你们。接下来要进入森林深处采蘑菇（标志碟）了，你们敢不敢挑战？记得将采到的蘑菇放回家里（雪糕筒）后继续出发，看看哪一队的小兔采的蘑菇最多。"

（1）幼儿在敏捷圈后站成3列纵队。

（2）教师讲解动作要领，并请幼儿示范：跨越障碍物后，拿起一个标志碟（蘑菇），双脚脚尖朝前，向前走动。走动时步伐小而稳，眼睛注视正前方。走到平衡半球前双脚站在半球上与肩同宽，双腿微屈，同时向上连续跳跃。

（3）幼儿进行鱼贯练习，教师观察幼儿运动情况，调动幼儿情绪，纠正幼儿错误动作。

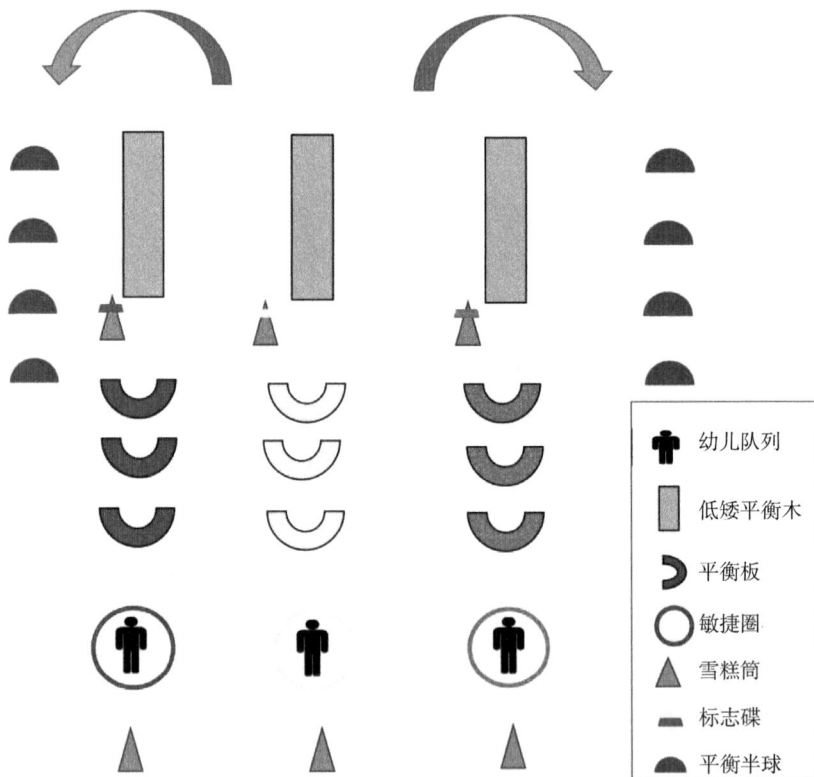

🧍	幼儿队列
▬	低矮平衡木
⊃	平衡板
○	敏捷圈
▲	雪糕筒
▬	标志碟
◖	平衡半球

图 7-2 "跨越 + 持物走 + 平衡半球跳"练习示意图

3. 游戏：采蘑菇比赛（3分钟）

教师引导语："兔宝宝们，兔妈妈要带你去参加采蘑菇比赛，但蘑菇园里有两位猎人拿着圈圈（敏捷圈）在抓兔子，兔宝宝们采蘑菇的时候一定要注意躲避猎人。一次采一朵蘑菇带回家（雪糕筒），然后再出发。兔宝宝们勇敢前进吧！"

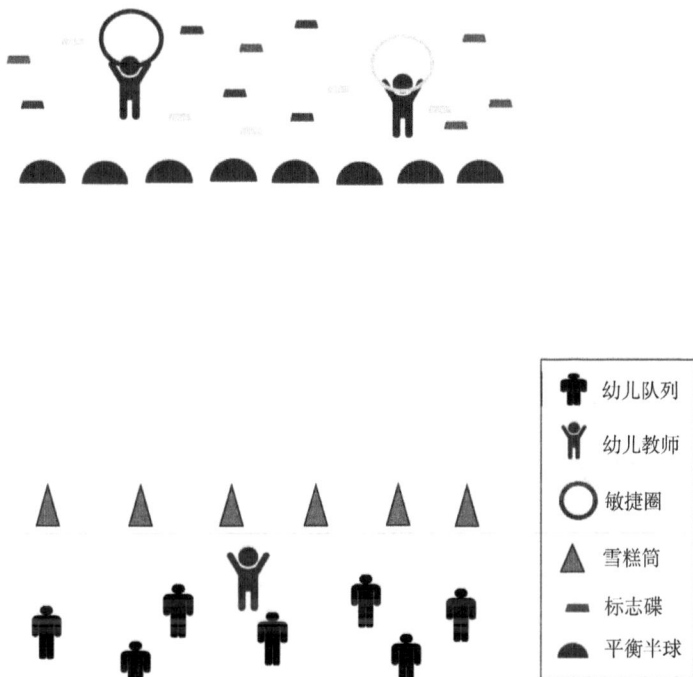

🔵	幼儿队列
🔵	幼儿教师
○	敏捷圈
▲	雪糕筒
━	标志碟
◠	平衡半球

图7-3　"采蘑菇比赛"活动示意图

（三）结束部分（3分钟）

（1）跟随音乐，教师带领幼儿做全身放松拉伸（重点拉伸腰部、腹部、大腿前部）。

（2）教师和幼儿收拾器械离场。

小熊采蜜

深圳市宝安区机关幼儿园（集团）第五大道幼儿园　曾翠桃

一、活动名称

小熊采蜜

二、活动目标

1. 发展幼儿的平衡能力。

2. 提升幼儿的躲闪能力。

3. 激发幼儿参与体育游戏的兴趣，让幼儿感受与同伴游戏的乐趣。

三、活动准备

器械准备：平衡木 3 条、积木 4 块、悬挂球 2 个、木箱 2 个、移动音箱、音乐 U 盘。

经验准备：幼儿已初步掌握交替向前走、钻、向上纵跳、躲闪跑的动作要领。

四、活动过程

（一）开始部分（3 分钟）

（1）幼儿听音乐跟随老师绕场地慢跑两圈后踏步随意找点站好。

（2）听随音乐做律动徒手热身操：

健康动起来

嘀嗒嘀嗒运动时间马上就到

嘻哈哈我要放出我的绝招

水果跟蔬菜有个小小的奥妙

维生素会赶走细菌感冒

1、2、3、4，跳一跳长得高，准备好向前跑！

（重复一遍或根据幼儿兴趣进行改编）

（二）基本部分（9 分钟）

1. 第一次练习：平衡木直线走＋钻（3 分钟）

教师引导语："亲爱的小熊们，今天小熊大军要去森林里采蜜，采蜜前要学会安全通过小桥，还要穿过蜘蛛洞。现在蜜蜂在洞里，我们还不能采蜜，过完小桥和蜘蛛洞我们先回家。一定要注意安全，小心蜜蜂。"

（1）幼儿在起始线后站成4纵队。

（2）主课教师讲解动作要领，配课教师示范。

①平衡木直线：双脚脚尖朝前，呈前后站立姿态，双脚平稳交替向前迈进，眼睛注视脚尖位置，双手侧平举。

②钻：屈膝下蹲，降低身体重心，同时弯腰低头，以便顺利通过障碍物。

（3）幼儿进行鱼贯练习，教师观察幼儿运动情况，调动幼儿情绪，纠正幼儿错误动作。

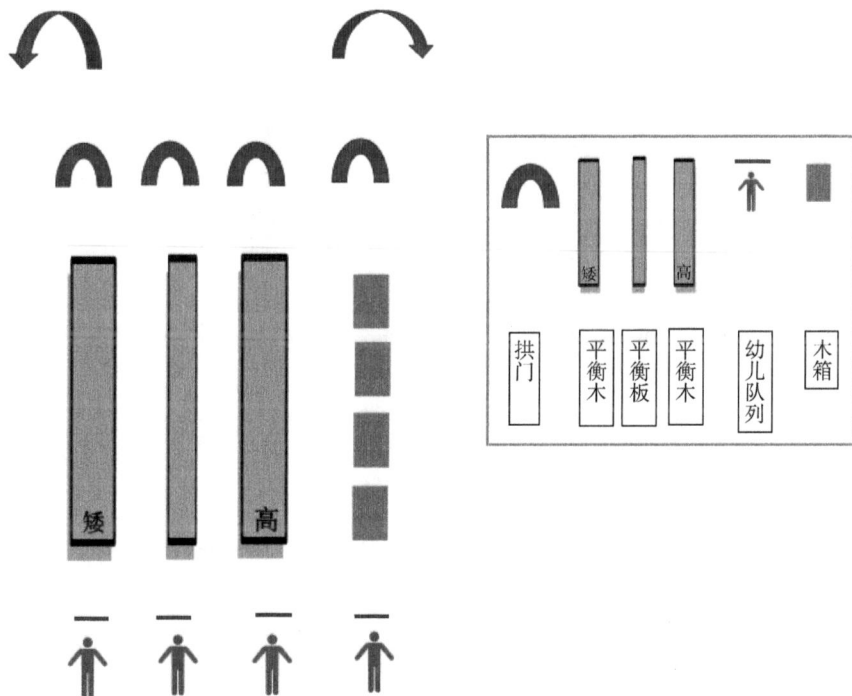

图7-4　"平衡木直线走＋钻"练习示意图

2.第二次练习：平衡木直线走＋钻＋向上纵跳（3分钟）

教师引导语："小熊们已经学会了本领，现在蜜蜂离开了，我们可以去采蜜了，小熊们要安全通过小桥，还要穿过蜘蛛洞，把蜂蜜采回家。"

（1）幼儿在起始线后站成4列纵队。

（2）教师示范并讲解动作要领（强调向上纵跳动作要领：双脚并拢稍蹲，

双臂下摆后迅速上摆，腿发力蹬地起跳，在空中伸展身体，落地时前脚掌先触地，屈膝缓冲）。

（3）幼儿进行鱼贯练习，教师观察幼儿运动情况，调动幼儿情绪，纠正幼儿错误动作。

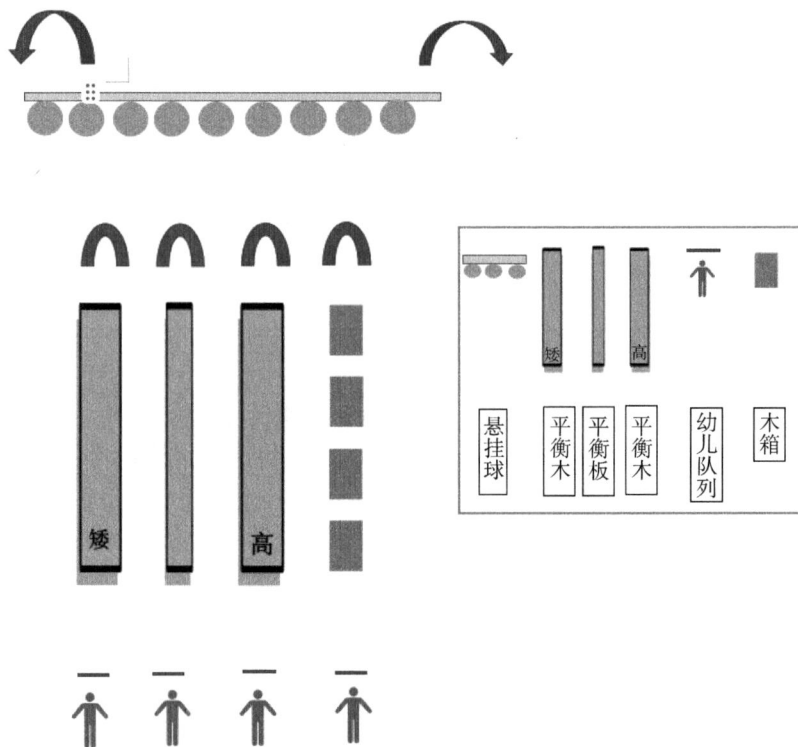

图7-5　"平衡木直线走＋钻＋向上纵跳"练习示意图

3.游戏：小熊游森林（3分钟）

教师引导语："我们已经把发现的蜂蜜采完了，现在去别的地方看看能不能再找到蜂蜜。不过，大家一定要时刻注意蜜蜂！一旦蜜蜂飞回来，我们要快速站到小桥上，以防被蜜蜂蜇到！"

（1）教师示范并讲解动作要领：时刻注意倾听与观察，以便及时做出反应。站在小桥上调整姿势：保持身体平衡，双脚与肩同宽，膝盖微屈，以便快速移动和稳定重心。

（2）幼儿跟随音乐开始游戏，教师观察幼儿运动情况，结合音乐变化配课教师扮演蜜蜂增加游戏难度。

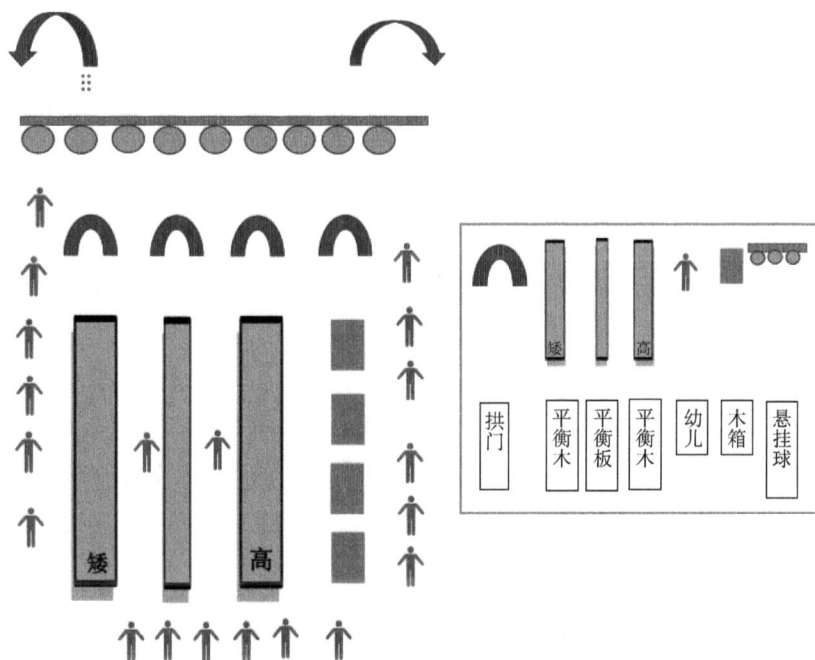

图 7-6 "小熊游森林"游戏示意图

（三）结束部分（3分钟）

（1）跟随音乐，教师带领幼儿做放松拉伸（调整呼吸，拉伸颈部、手臂、腰部、腿部等）。

（2）教师和幼儿收拾器械离场。

汪汪队集合

深圳市宝安区机关幼儿园（集团）金成时代幼儿园　刘珍慧

一、活动名称

汪汪队集合

二、活动目标

1. 提高幼儿平衡性、前庭觉功能和专注力。

2. 培养幼儿勇敢的品质和责任感，激发幼儿参加体育活动的兴趣。

三、活动准备

器械准备：2米长平衡木4条、2米长平衡板4条、沙包筐4个、空筐4个、软垫2块、平衡半球4个、毛绒玩偶若干。

经验准备：幼儿已掌握直线走和双脚连续跳的动作要领。

四、活动过程

（一）开始部分（3分钟）

（1）慢跑热身：组织幼儿进行简单的短距离跑步，活跃气氛。

（2）动物模仿操：教师带领幼儿模仿各种动物的动作，如小鸟飞（上肢运动）、小兔跳（跳跃运动）、大象走（腹背运动）等，提高幼儿的身体温度和灵活性。

（二）基本部分（10分钟）

教师引导语："动物森林最近下了一场大暴雨，洪水冲毁了它们的家园，我们今天要向汪汪队那样保护小动物们，队员们一起行动起来吧！"

1. 平衡基础训练（3分钟）

教师讲解动作要领，并请幼儿示范：双脚脚尖朝前，呈前后站立姿态，双脚交替向前走，眼睛注视脚尖位置，双手侧平举。

幼儿分为2组进行循环练习。幼儿依次在平衡木上行走，模拟过桥情景，教师在一旁保护，鼓励幼儿大胆挑战。

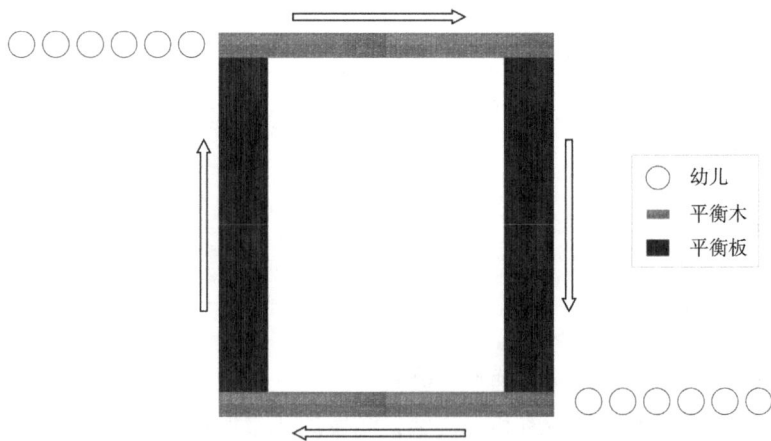

图7-7　平衡基础训练示意图

2. 紧急救援演练（3分钟）

教师引导语："恭喜小队员们完成了第一部分的训练，接下来我们接到了第二个任务，救援演练，一起出发吧。"

（1）教师讲解动作要领，并请幼儿示范：双脚脚尖朝前，向前走动。走动时身体保持稳定，眼睛注视正前方。到达河对岸之后双脚站在半球上与肩同宽，双腿微屈同时向上跳跃，紧接着拿起沙包跑回并将沙包投放进筐内，然后到队伍后面排队。

（2）搬运沙袋：幼儿分成4组鱼贯练习。在平衡木上行走，每组轮流手持小沙袋，将沙袋运送到"安全区"，模拟搬运防洪物资。

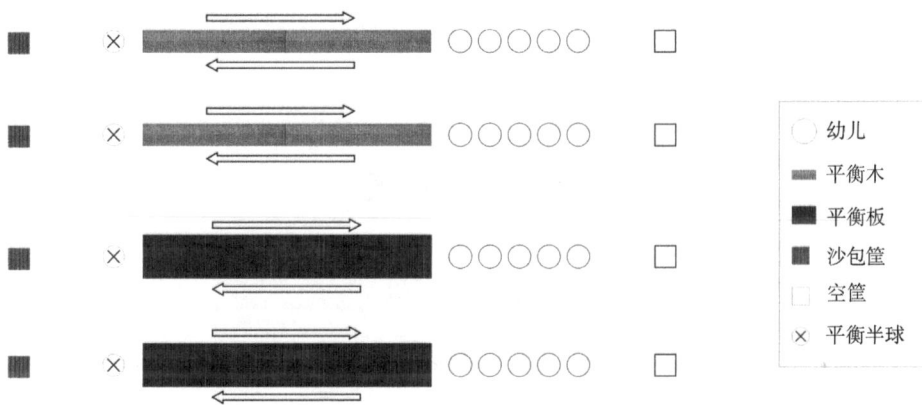

图 7-8　紧急救援演练示意图

3. 紧急救援任务（4分钟）

教师引导语："恭喜小队员们完成了救援演练，小动物们被困在小岛上了，我们需要把动物们转移到安全的地方，加油吧。"

教师讲解动作要领，并请幼儿示范：双脚脚尖朝前，向前走动。走动时身体保持稳定，眼睛注视正前方。到达河中间之后双脚站在半球上与肩同宽，双腿微屈同时向上跳跃，紧接着拿起玩偶走过平衡板投放进筐内，然后跑回到队伍后面排队。

紧急救援：河中间放好毛绒玩偶充当被困者，幼儿扮演救援人员，使用平衡木，模拟救援过程，锻炼幼儿的平衡和应急反应能力。

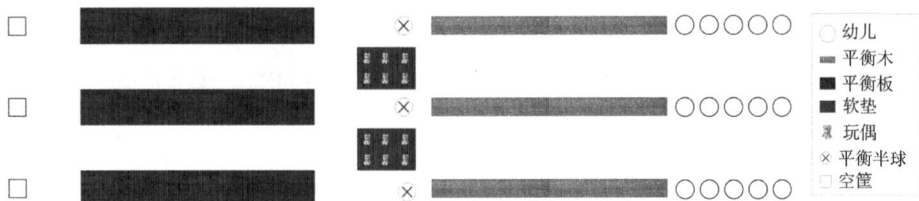

图7-9 紧急救援任务实施示意图

（三）结束部分（3分钟）

（1）播放轻松的音乐，带领幼儿进行简单的放松运动，如深呼吸、伸展等（重点拉伸腿部和手部肌肉）。

（2）请幼儿分享自己在紧急救援任务中的感受和收获，教师给予肯定和鼓励。

（3）教师和幼儿收拾器械离场。

第二节　中班

小小营救员

深圳市宝安区机关幼儿园（集团）假日名居幼儿园　罗瑶

一、活动名称

小小营救员

二、活动目标

1. 发展幼儿的平衡能力和灵敏性、协调性。

2. 培养幼儿团队合作意识，让幼儿体会团队协作的乐趣和成就感。

三、活动准备

器械准备：平衡木2条、轮胎5个、攀爬架4个、彩虹桥12个、体操垫12块、软积木2筐、标志筒4个、移动音箱、各环节音乐。

经验准备：已有爬平衡架、匍匐前进、投掷等动作经验。

四、活动过程

（一）开始部分（5分钟）

（1）幼儿听音乐绕场地慢跑两圈后站成6路纵队，进行听口令练习：向前看——齐，两臂——放下。

（2）幼儿做热身操，依次做上肢、扩胸、体转、踢腿、腹背、跳跃、放松运动，然后踏步整理队伍。

（二）基本部分（20分钟）

1. 分组练习："救援大练兵"（10分钟）

教师引导语："小解放军们，刚刚收到前方发来的战报，敌人抓走了我们一批战士，现在他们有危险！我们的机关小战队接到任务，要去营救我们的同伴，但是在营救任务前，我们需要进行救援大练兵。请问有谁愿意跟我去参加大练兵呢？现在请A组解放军跟着A队长（A老师），B组解放军跟着B队长（B老师）。"

（1）A组：平衡木倒退走+爬过攀爬架。

A教师引导语："小解放军们，我们来到了救援练习的第一道关卡，请问你们有信心完成练习吗？"

①幼儿在起始线后站成2列纵队。

②教师讲解动作要领，并请幼儿示范。

平衡木倒退走：站上平衡木，双脚脚尖朝前，呈前后开立姿势站稳，接着双脚交替向后退走，过程中身体始终保持悬空不触地，同时眼睛注视后方。

爬过攀爬架：双手扶住攀爬架，双手、双脚与肩同宽，两膝不触地，异侧手、脚同时向前爬行，眼睛注视指定方向。

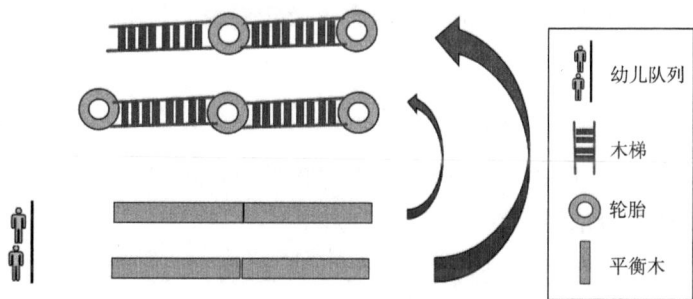

图7-10　"平衡木倒退走+爬过攀爬架"练习示意图

（2）B组：走彩虹桥＋匍匐前进。

B教师引导语："现在你们来到了救援大练兵的第一道关卡，哪位解放军愿意先来挑战？加油小解放军们，你们离胜利越来越近了。"

①幼儿在起始线后站成2列纵队。

②教师讲解动作要领，并请幼儿示范。

走彩虹桥：将彩虹桥并列摆成一排，左脚踩上第一个彩虹桥，右脚紧跟着踩上下一个彩虹桥，左右脚交替往前行走，收腹以保持身体稳定。

匍匐前进：采用俯卧姿势，目视前方，左手屈肘在前，右手团胸，右腿屈膝约90°，脚掌蹬地，左腿保持伸直状态，手脚同时发力，左右交替前进。

（3）A、B两组交换练习，教师观察幼儿运动情况，调动幼儿情绪，纠正幼儿错误动作。

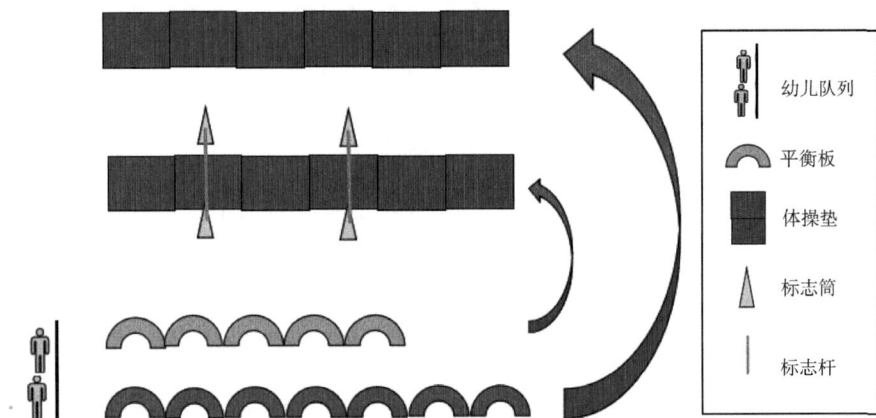

图7-11　"走彩虹桥＋匍匐前进"练习示意图

图例：
- 幼儿队列
- 平衡板
- 体操垫
- 标志筒
- 标志杆

2.循环练习：突击大救援（5分钟）

教师引导语："恭喜你们完成救援大练兵，现在我们的小解放军已经变得非常强大了，带着我们的本领，一起去解救我们的同伴吧！加油吧，小解放军们。"

（1）教师请2名幼儿同时进行不同路线的示范，引导其他幼儿观察并讲解动作要领和注意事项：平衡木倒退走→爬过攀爬架→走过彩虹桥→匍匐前进→爬上海盗船→钻过爬笼，完成一个循环。

（2）幼儿自选出发点进行循环，游戏反复进行2次，教师观察幼儿游戏情况，调动幼儿情绪。

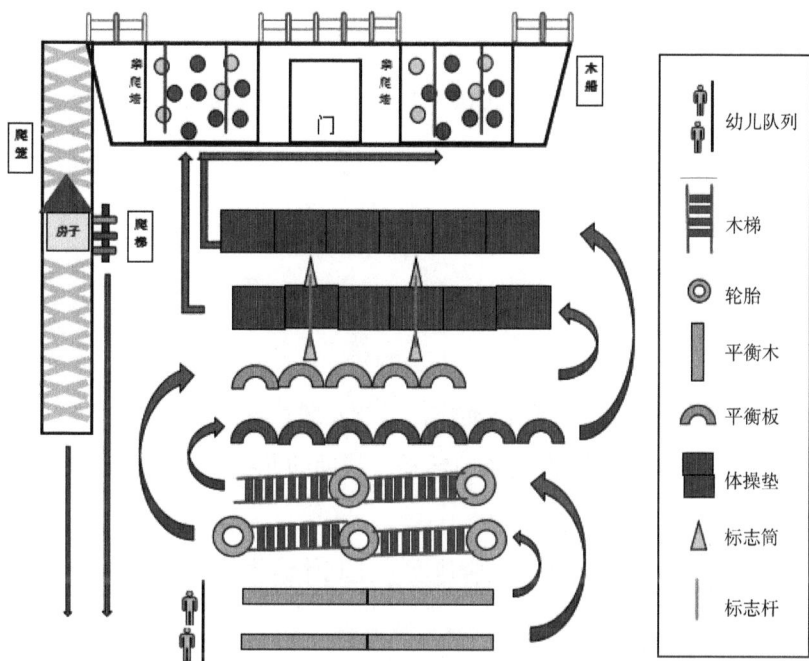

图 7-12 "突击大救援"活动示意图

3. 游戏：反击保卫战（5 分钟）

教师引导语："太棒了！你们真是厉害的解放军，在大家的激烈作战中，同伴终于被我们全部成功营救啦！（欢呼）但是，刚刚我们的营救计划触发了敌人的警报，他们发现了我们的藏身之处，现在我们要进行反击。首先，我们要齐心协力搭建一个自己的堡垒，拿上手榴弹炸毁敌人的战壕。"

（1）幼儿互相合作，将场地所有的器械搬到海盗船下，搭建堡垒，搭建好堡垒后跑回起点拿到软积木，在堡垒处向海盗船投掷"手榴弹"。

（2）游戏反复进行 2—3 次，幼儿游戏的过程中，教师注意观察幼儿的状态及动作，并对幼儿进行鼓励。

（三）结束部分（5 分钟）

教师引导语："在小解放军们的共同努力下，反击成功，敌人被我们全部消灭。请小解放军们放松一下身体吧！"

（1）幼儿听音乐跟随教师拉伸上肢、大腿内侧、腿部、腹部、腰部等部位。

（2）教师和幼儿一起收拾器械离场。

海洋探险记

深圳市宝安区机关幼儿园（集团）第五大道幼儿园　王元

一、活动名称

海洋探险记

二、活动目标

1. 引导幼儿掌握侧身抱胸滚动作，以此发展其身体平衡能力。

2. 通过开展平衡半球走的练习活动，帮助幼儿提高平衡感以及下肢活动稳定性。

3. 借助游戏，提升幼儿的反应速度，让其体验体育运动的快乐。

三、活动准备

器械准备：体操垫 6 块、敏捷圈 18 个、平衡半球 11 个、跨栏 2 个、雪糕筒 6 个、长粗绳 2 条、大筐子 2 个、海绵球若干、移动音箱、各环节音乐。

经验准备：幼儿已有侧身抱胸滚动作经验。

四、活动过程

（一）开始部分（5分钟）

（1）幼儿听音乐跟随教师绕场地慢跑两圈后小跑步站成 6 列纵队。

（2）跟随音乐做徒手操（重点活动腰腹及身体核心部位）。

（二）基本部分（16分钟）

1. 分组练习（8分钟）

教师引导语："小队员们，前方发来电报，一艘船在海洋上遇到暴风雨等待我们救援。请分成 A、B 两组，准备救援。"

（1）A 组练习：海上救援队。

①幼儿在起始线后站成 2 列纵队。

②教师讲解动作要领，并请幼儿示范。

侧身抱胸滚：仰卧，双手环抱胸，腹部用力向一侧翻滚，保持身体稳定不倾斜。

打开双脚跳：双脚打开，背部挺直，眼睛注视正前方，双脚连续向前跳，跳跃过程中脚跟微微离开地面，前脚掌轻落地，微屈膝。

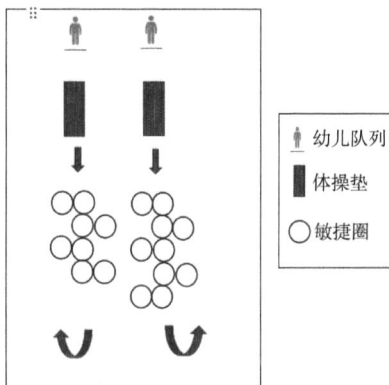

图7-13　"海上救援"活动示意图

（2）B组练习：礁岸救援队。

①幼儿在起始线后站成2列纵队。

②教师讲解动作要领，并请幼儿示范。

平衡半球走：将平衡半球摆成一排，左脚先踩上平衡半球，右脚紧跟着踩上去后站稳，再继续往下一个走，踩中心点位置，双手侧平举。

助跑跨跳：助跑距离4—5步，中等速度跑，不倒退，蹬腿要快速有力，摆腿方向正，幅度大，落地轻继续向前几步不停顿。

（3）A、B两组交换练习，教师观察幼儿运动情况，鼓励幼儿大胆挑战。

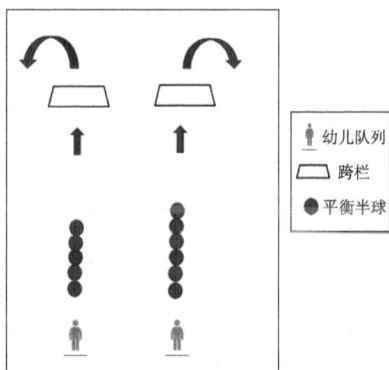

图7-14　"礁岸救援"活动示意图

2.大循环：海上搜寻记（5分钟）

教师引导语："恭喜你们已经学会了救援本领，大家现在一起出海救援吧。"

（1）幼儿在两边起始线后站成2列纵队。

（2）开始救援。

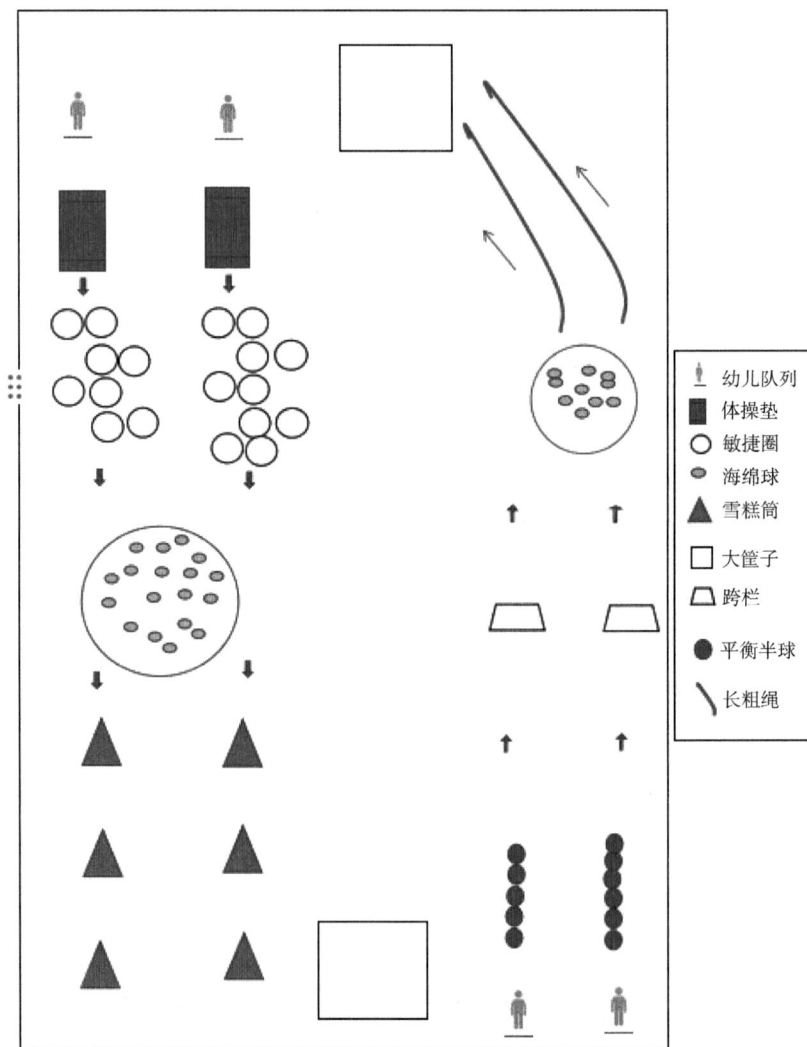

图7-15　"海上搜寻"活动示意图

3.游戏：海盗来了（3分钟）

教师引导语："恭喜小队员们海上救援成功，我们现在返航。但是在返航的路上会有海盗出没，看见海盗请快速找到安全的地方躲避。"

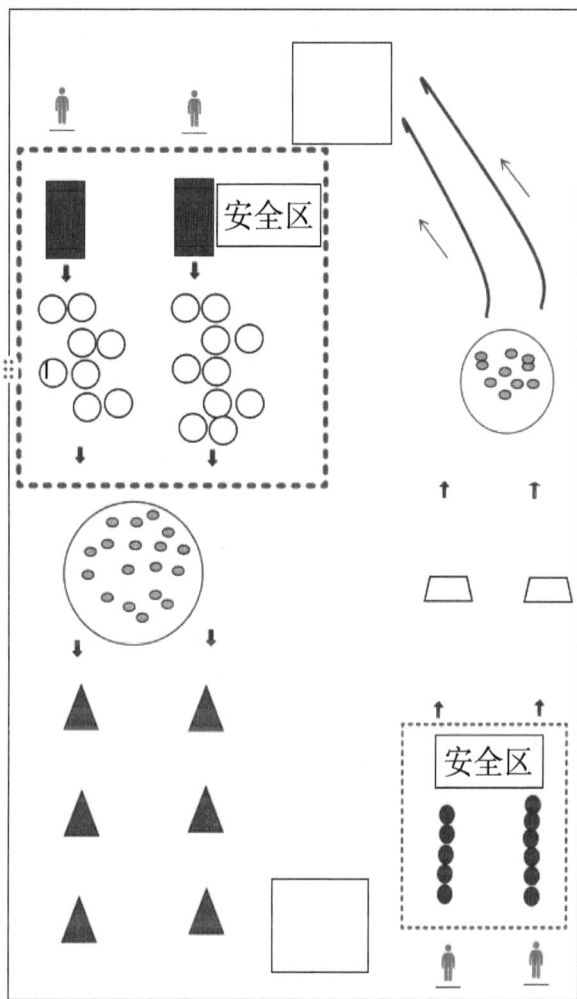

图 7-16　"海盗来了"游戏示意图

（三）结束部分（3 分钟）

教师引导语："勇敢的小队员们一路历经艰险，终于安全到家，让我们一起放松一下身体吧！"

（1）跟音乐随教师一起进行身体各部位拉伸放松（重点放松下肢及身体核心部位）。

（2）教师和幼儿一起收拾器械离场。

蚂蚁搬豆

深圳市宝安区新安幸福海岸幼儿园　吴苏苏

一、活动名称

蚂蚁搬豆

二、活动目标

1. 帮助幼儿熟练掌握站立式前滚翻和侧身抱胸滚的动作，锻炼幼儿的平衡感和胆量。

2. 借助平衡走和持物走的动作练习，增强幼儿身体的稳定性。

3. 运用多样化的活动设计，使幼儿在运动中感受快乐。

三、活动准备

器械准备：平衡木2条、乌龟壳若干、垫子8块、沙包若干、置物筐4个、移动音箱、各环节音乐。

经验准备：幼儿已有前滚翻和侧身抱胸滚的动作经验。

四、活动过程

（一）开始部分（5分钟）

（1）幼儿绕场地慢跑两圈后小跑步站成6列纵队。

（2）随音乐做徒手操，依次做头部、肩部、上肢、腰腹、下肢运动（重点活动下肢及身体核心部位）。

（二）基本部分（14分钟）

1. 分组前往（8分钟）

教师引导语："今天真是个阳光明媚的好日子呀！蚂蚁国王要举行一场'搬豆大赛'。所有的蚂蚁都要参加，也邀请了小朋友们一起比赛。看谁能最快将草地上的大豆子搬回王国里。小朋友们有信心赢得比赛吗？请小朋友分成 A、B 两组。"

（1）A 组：跋山涉水。

①幼儿在起始线后站成 2 列纵队。

②教师讲解动作要领，并请幼儿示范。

走平衡木：保持身体直立，双脚交替前进，眼睛注视前方，保持平衡，手臂可自然摆动，帮助维持稳定。

侧身抱胸滚：仰卧，双手环抱胸，腹部用力向一侧翻滚，保持身体稳定不倾斜。

持物走：双脚脚尖朝前，单手提物，推拉、背物走时上体前倾，眼睛注视前方，保持身体稳定。

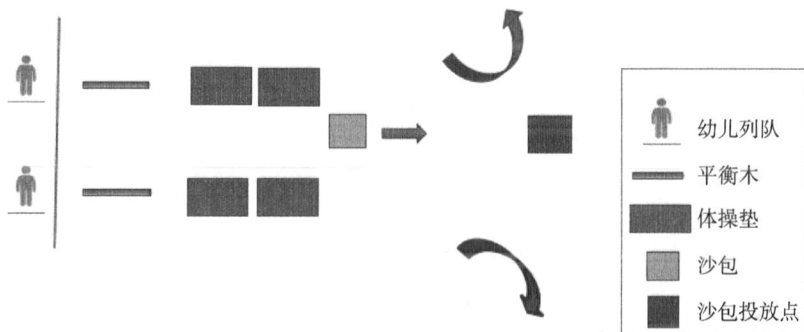

图 7-17　"跋山涉水"活动示意图

（2）B 组：翻山越岭。

①幼儿在起始线后站成 2 列纵队。

②教师讲解动作要领，并请幼儿示范。

走平衡乌龟壳：将乌龟壳摆成一排，左脚先踩上乌龟壳，右脚紧跟着踩上去后站稳，再继续往下一个走，踩中心点位置，双手侧平举。

前滚翻：双脚并拢站立，双手举过头顶后下蹲，同时弯腰屈肘，双手打开与肩同宽，掌心用力撑地后，低头收腹，眼睛看肚子，双脚同时蹬地往前滚后抱腿站立，大小腿夹在一起，然后在左侧坐下，保持坐姿。

持物走：双脚脚尖朝前，单手提物，推拉、背物走时上体前倾，眼睛注视前方，保持身体稳定。

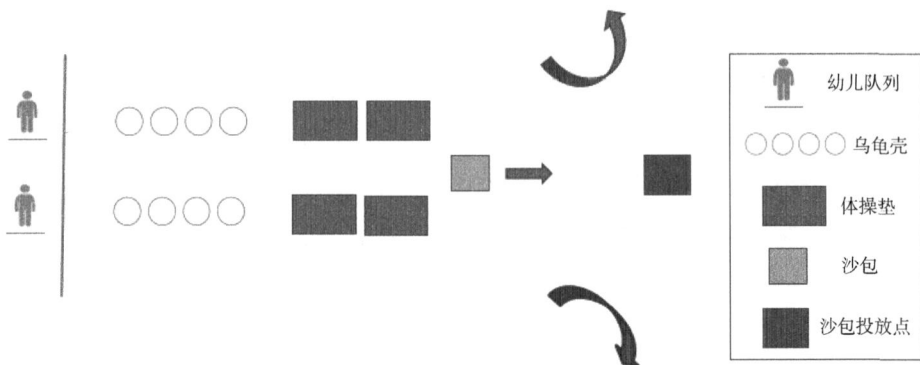

图7-18　"翻山越岭"活动示意图

（3）A、B两组交换练习，教师观察幼儿运动情况，鼓励幼儿大胆挑战。

2.游戏：蚂蚁搬了几颗豆（6分钟）

教师引导语："小蚂蚁和小朋友们齐心协力搬了很多大豆豆回蚂蚁王国，我们一起来数一数有几颗豆豆吧！"

（1）游戏规则：音乐响起幼儿可以出去活动，音乐停止幼儿一起说："蚂蚁蚂蚁在搬豆，一共搬了几颗豆？"教师说出一个数，幼儿按照教师所说数量，迅速进入呼啦圈，"模拟"豆豆。

（2）重复游戏：游戏持续进行，直到所有幼儿都感到疲倦或达到预定的游戏时间为止。这个游戏旨在增强幼儿的快速奔跑和追逐能力，提高幼儿的反应速度和动作敏捷性，同时激发幼儿对体育游戏的兴趣。通过团队合作和竞争，还能培养幼儿的社交能力和团队合作精神。

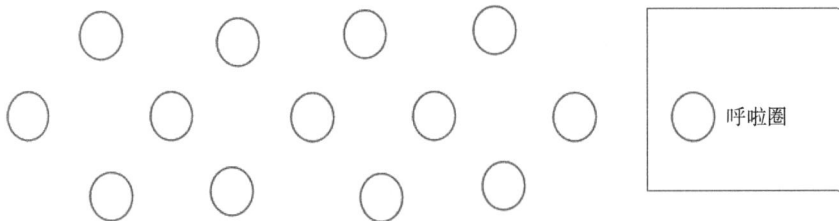

图7-19　"蚂蚁搬了几颗豆"游戏示意图

（三）结束部分（2分钟）

教师引导语："恭喜小朋友们获得了第一名，你们真棒！我们一起来放松放松身体吧！"

（1）跟音乐随教师一起进行身体各部位拉伸放松（重点放松下肢及身体

核心部位)。

（2）教师和幼儿一起收拾器械离场。

第三节 大班

酷跑小子

深圳市宝安区机关幼儿园 吴湘湘

一、活动名称

酷跑小子

二、活动目标

1. 引导幼儿熟练掌握侧滚翻、侧身爬动作，发展幼儿腿部、手部力量和协调性。

2. 借助"酷跑小子大比拼"游戏，发展幼儿手眼协调以及反应能力。

3. 激发幼儿参加活动的兴趣，让幼儿体验游戏的乐趣，萌发敢于挑战的精神。

三、活动准备

器械准备：跳箱 6 个、标志点 6 个、体操垫 6 块、铃铛球若干、拱形门 2 个、云形梯 3 个。

经验准备：幼儿已初步掌握侧身爬、侧身滚、投掷、倒退钻等动作基本要领。

四、活动过程

（一）开始部分（5 分钟）

（1）教师带领幼儿在音乐声中慢跑，音乐变化时踏步站成 5 列纵队。

（2）做徒手热身操，依次做头部、伸展、体转、腹背、踢腿、撑跳、全身跳等运动。

（二）基本部分（18分钟）

教师引导语："欢迎小朋友们来到酷跑世界！在这里可以展示你们的酷跑本领。场地上设计了一些障碍关卡，如果顺利通过，就有机会获得酷跑勋章，你们准备好了吗？"

1.第一次练习：侧身爬+侧身滚（5分钟）

（1）教师讲解动作要领，并请幼儿示范。

侧身爬：手膝着地，头稍抬起，眼向前看，双手和双膝协调配合用力向前爬。

侧身滚：助跑到垫子，屈膝下蹲，左手撑在垫子上，右手屈肘团胸，向右边慢慢倒肩，同时双脚蹬地，大腿贴近腹部，收腿向右边侧翻，然后手臂可辅助撑地起身。（不同方向各翻一次），再绕过拱形门回到队尾。

（2）幼儿在起始线后站成3列纵队进行鱼贯练习。教师观察幼儿运动情况，调动幼儿情绪。

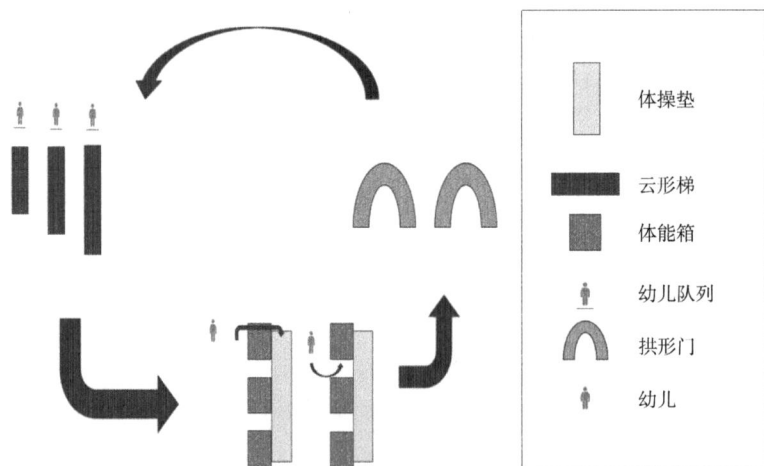

图7-20　"侧身爬+侧身滚"练习示意图

2.第二次练习：侧身爬+侧身滚+倒退钻（5分钟）

教师引导语："恭喜你们顺利通过第一关，接下来的第二关增加了4个拱门，难度更大了，让我们来看看谁能通过吧。"

（1）教师讲解动作要领，并请幼儿示范：首先通过云形梯侧身爬，助跑支撑侧滚翻，接着双手抱胸，倒退钻过障碍物，注意不要接触障碍物。

（2）幼儿在起始线后站成 3 列纵队，进行鱼贯练习，教师观察幼儿运动情况，调动幼儿情绪。

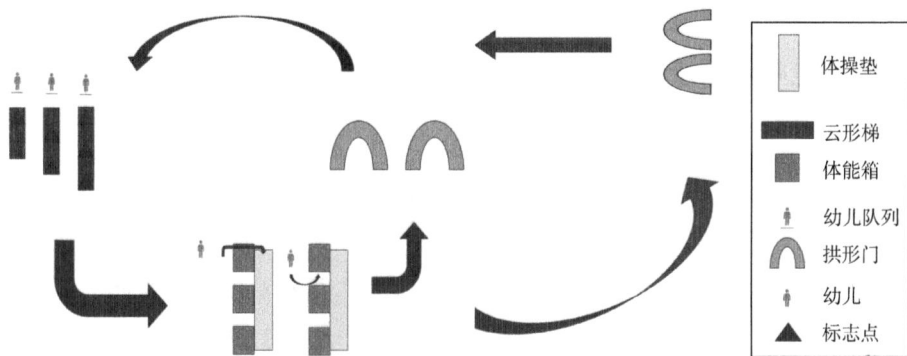

图 7-21　"侧身爬 + 侧身滚 + 倒退钻"练习示意图

3. 游戏：酷跑小子大比拼（8 分钟）

教师引导语："你们太厉害了！恭喜你们学会三项本领顺利通过所有关卡！但是，跑酷勋章有限，只有真正的强者才能获得。现在请跑酷小子分成两组，进行大比拼，获胜的队伍将得到酷跑勋章。"

游戏玩法：双方各站一边，在规定的时间内用手中的铃铛球投向对方，被投中的小朋友被淘汰出局。在规定时间结束后，场上剩余人数多的队伍获胜。比赛采取三局两胜制。

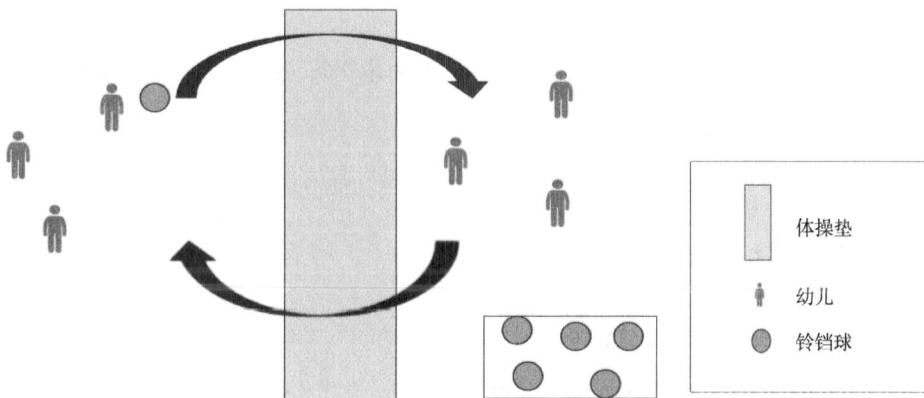

图 7-22　"酷跑小子大比拼"游戏示意图

（三）结束部分——放松整理（4分钟）

教师引导语："恭喜 × 队获得本次比赛的胜利！失败的队伍也没关系，下次继续努力！接下来让我们的身体放松一下吧！"

（1）跟随音乐，教师带领幼儿做放松拉伸（调整呼吸、颈部拉伸、腰部拉伸、盘腿下压、腿部拉伸等）。

（2）老师和幼儿一起收拾器械。

探寻蟠桃园

深圳市宝安区机关幼儿园（集团）第五大道幼儿园　武思晴

一、活动名称

探寻蟠桃园

二、活动目标

1. 提高幼儿的专注力，训练幼儿的平衡感和胆量。
2. 发展幼儿的手臂力量和核心力量。
3. 激发幼儿勇敢挑战精神，让幼儿感受与同伴游戏的快乐。

三、活动准备

器械准备：大型滑梯、体操垫4块、平衡木2条、跳箱9个、梅花桩4根、铃铛球1筐、移动音箱、各环节音乐。

经验准备：幼儿已有站立前滚翻、支撑左右跳的动作经验。

四、活动过程

（一）开始部分（5分钟）

（1）幼儿站成6列纵队随音乐指令玩反应游戏（踏步、原地跑、高抬腿、跳跃等）。

（2）跟随音乐做徒手热身操，依次进行伸展、体转、腹背、下蹲、踢腿、跳跃等运动。

（二）基本部分（18分钟）

1. 分组学习孙悟空的本领（8分钟）

教师引导语："小猴子们，听说王母娘娘蟠桃园的蟠桃成熟了，我准备带你们一起去天宫蟠桃园探一探。在去蟠桃园之前，你们要学会孙悟空的两个本领——筋斗云和神行。你们准备好了吗？"（幼儿分成A、B两组）

（1）筋斗云。

①幼儿在起始线后站成2列纵队。

②教师讲解动作要领，并请幼儿示范。

站立前滚翻：蹲在体操垫前，双手与肩同宽撑在体操垫上，抬屁股、眼睛透过双腿看屁股，让后脑勺贴近体操垫，双脚蹬地，顺势向前翻滚。

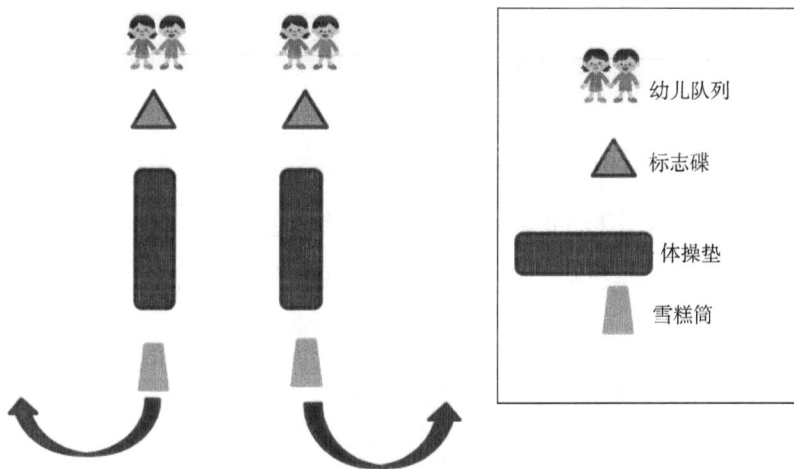

图7-23 "站立前滚翻"练习示意图

（2）神行。

①幼儿在起始线后站成2列纵队。

②教师讲解动作要领，并请幼儿示范。

支撑左右跳：双脚并拢站立在障碍物一侧，膝盖微弯下蹲，双手与肩同宽支撑，腹部收紧，以身体为中心线，双腿蹬地，脚并拢，跳向左边，再跳向身体的右边，依次重复支撑向左向右跳。

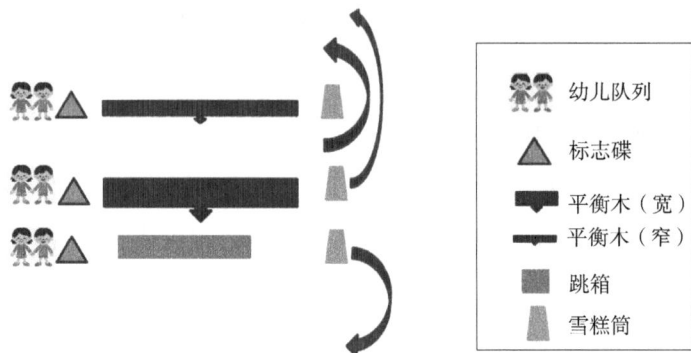

图 7-24　"支撑左右跳"练习示意图

（3）A、B 组交换练习，教师观察幼儿运动情况，鼓励幼儿大胆挑战。

2. 综合闯关（6 分钟）

教师引导语："小猴子们，恭喜你们成功学会孙悟空的本领，接下来我们要一起上天宫去蟠桃园了，怎样安全抵达呢？让我们一起来看一看吧。"

（1）幼儿分成 3 队，准备综合闯关。

（2）教师讲解闯关线路：首先从花果山出发，跳上跳下通过石头路，用前滚翻筋斗云飞越山林，支撑左右跳神行穿越云层来到南天门；南天门去蟠桃园有三条路线：第一条路线从木制楼梯爬行通过；第二条路线从圆筒攀爬架通过后从滑梯滑下；第三条路线由攀爬网往左边移动通过。

（3）闯关开始，教师观察幼儿运动情况及时给予鼓励。

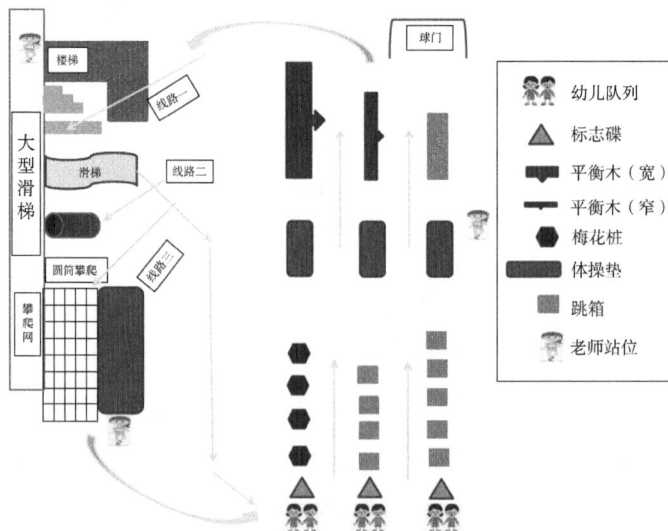

图 7-25　"综合闯关"活动示意图

3. 游戏：品尝蟠桃（4分钟）

教师引导语："小猴子们，恭喜你们顺利到达蟠桃园。"

幼儿围拢准备"品尝蟠桃"。

教师讲解游戏规则："接下来我们一起去尝尝天宫的桃子吧！要小心天兵巡逻，天兵出现时快速变成蟠桃树站在原地双手打开，千万别被天兵发现，否则会被抓走哦。"

游戏开始幼儿自由跑动"吃桃子"，天兵（配班老师）巡逻（手敲铃鼓在场地走动），幼儿变大树（站定在原地，双手打开）。天兵巡视后离开，幼儿继续游戏。

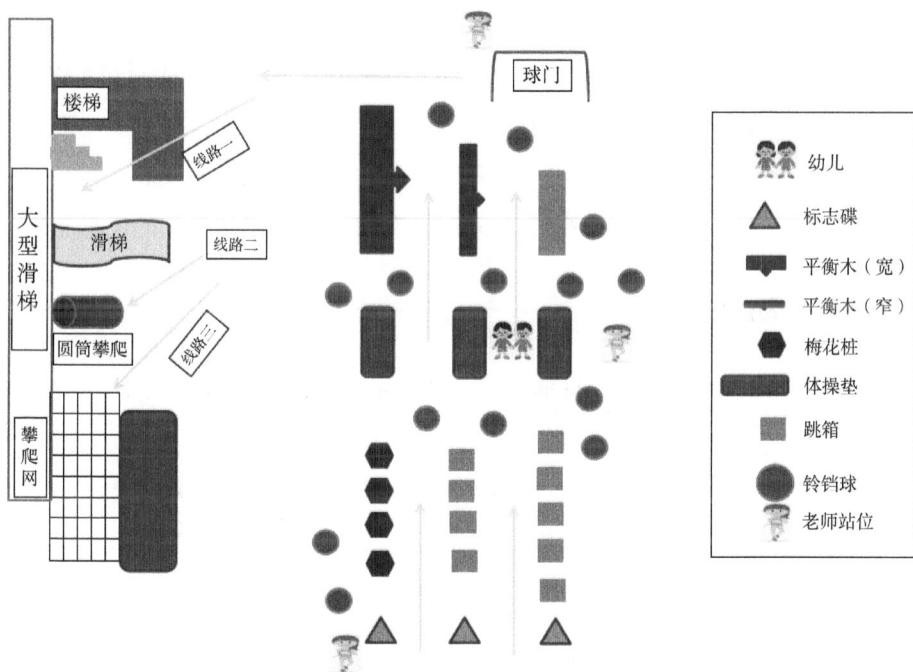

图7-26　"品尝蟠桃"游戏示意图

（三）结束部分（2分钟）

（1）跟随教师一起进行身体各部位拉伸放松。

教师引导语："小猴子们，今天你们学会了孙悟空的两个本领，并且还去蟠桃园吃到了美味的蟠桃，接下来一起拉伸拉伸吧！"（全身放松，拉伸上下肢肌群）

（2）教师和幼儿一起收拾器械离场。

薯条收集者

深圳市宝安区机关幼儿园（集团）假日名居幼儿园　李文滔

一、活动名称

薯条收集者

二、活动目标

1.借助平衡半球蹲跳、平衡双杆爬等活动，提高幼儿的专注力和平衡感，锻炼幼儿的下肢稳定性、力量以及肌耐力。

2.通过各类游戏，促进幼儿身体的平衡通力与协调能力的发展。

3.依托"薯条收集者"游戏，培养幼儿积极勇敢、团结合作的优秀品质。

三、活动准备

器械准备：轮胎24个、竹梯4架、平衡半球4个、海绵棒若干、雪糕筒若干、移动音箱、各环节音乐。

经验准备：幼儿已有平衡半球蹲跳、平衡双杆爬的动作经验。

四、活动过程

（一）开始部分（5分钟）

教师带领幼儿由场地外一路纵队踏步入场。围着操场边缘慢跑、快跑，进行热身活动。幼儿成早操队形站立，在教师的带领下做准备活动操（重点对下肢部位进行热身）。

（二）基本部分（14分钟）

1.分组前往油炸店（8分钟）

教师引导语："小朋友们今天收到油炸店老板的邀请，要带大家开启一场超好玩的炸薯条游戏。在游戏中要求小朋友们穿过油锅和漏网把自己变成美味的薯条，你们有信心通过难关吗？"（将幼儿分成 A、B 两组）

（1）A 组：过油锅。

①幼儿在起始线后站成 2 列纵队。

②教师讲解动作要领，并请幼儿示范。

平衡过轮胎：过轮胎时，要把脚前后踩在轮胎的两端，手平举调整平衡，眼睛注视前方，左右脚交替行进，保持匀速。

平衡半球蹲跳：站稳在平衡半球上后，收腹，双脚起跳的同时双手向前摆臂，双脚跳至离开平衡半球，再落地站稳，同时屈膝半蹲，双手摸自己的踝关节。

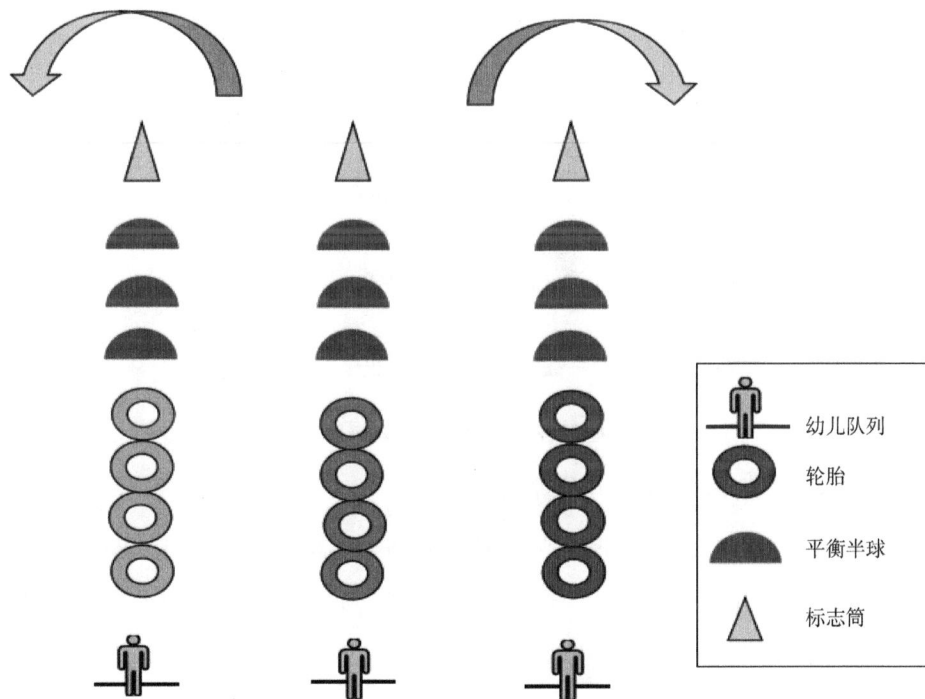

图 7-27　"平衡过轮胎＋平衡半球蹲跳"练习示意图

（2）B 组：过漏网。

①幼儿在起始线后站成 2 列纵队。

②教师讲解动作要领，并请幼儿示范。

平衡双杆爬：虎口张开，掌心相对握紧双杆，双腿打开踩上双杆，左手和左脚同时往前移动跑，再换右手右腿往前一步移动爬。

平衡半球转身跳：站稳在平衡半球上后，收腹，双脚起跳的同时双手向前摆臂，双脚跳至离开平衡半球的同时向一侧转身落地。

（3）A、B两组交换练习，教师观察幼儿运动情况，鼓励幼儿大胆挑战。

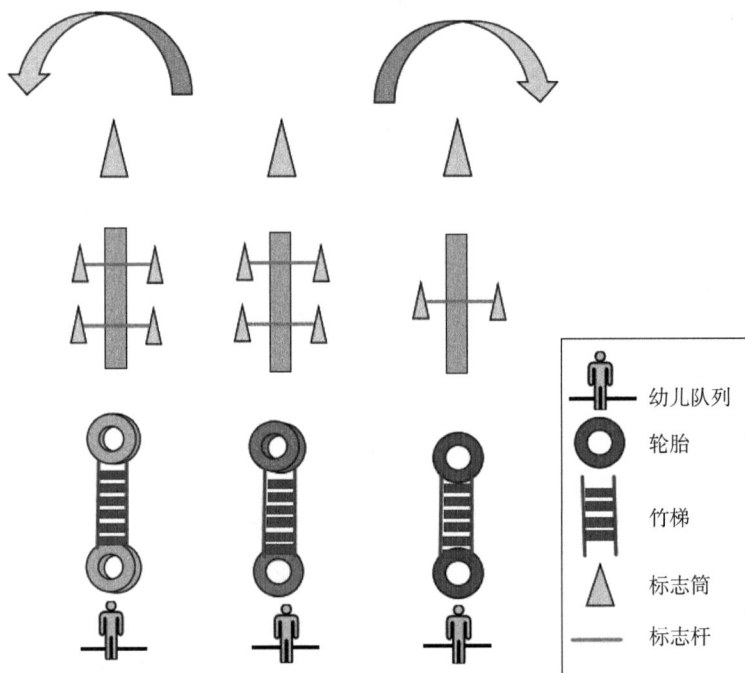

图 7-28　"平衡双杆爬＋平衡半球转身跳"练习示意图

2.游戏：薯条收集者（6分钟）

教师引导语："哇，刚刚老师看到我们的小薯条勇敢地通过了两道难关，现在就开始我们今天的游戏'薯条收集者'吧，看看谁是最棒的小薯条！"

（1）幼儿分成3组进行比赛。

（2）教师讲解游戏规则：3队幼儿在同一起始线上，听到口令后同时出发，以最快的速度通过障碍物到达终点捡起地上的薯条返回。

（3）游戏进行，教师当裁判同时观察游戏情况，及时鼓励幼儿。

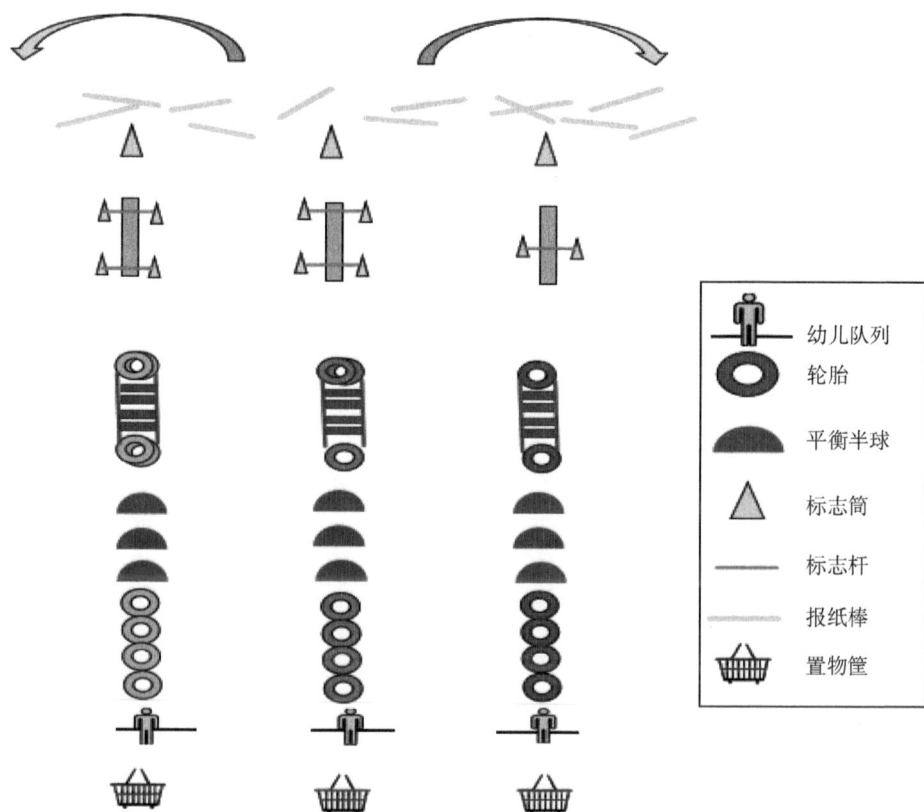

图 7-29　"薯条收集者"游戏示意图

（三）结束部分（2分钟）

教师引导语："在冒险过程中我看到所有的小薯条都能又快又稳地通过大油锅，还能相互帮助，共同合作，顺利完成了游戏。所以，我宣布，所有的小薯条都是薯条之王！"

（1）跟音乐随教师一起进行身体各部位拉伸放松（重点放松下肢及身体核心部位）。

（2）教师和幼儿一起收拾器械离场。

第八章　奔跑的袋鼠

第一节　小班

萌鸡小队

深圳市宝安区机关幼儿园　吕雅

一、活动名称

萌鸡小队

二、活动目标

1. 提升幼儿肢体协调能力。

2. 帮助幼儿熟练掌握连续翻越不同高度障碍物的动作技能。

3. 培养幼儿的团队合作意识，并让他们在团队游戏中感受乐趣。

三、活动准备

器械准备：敏捷圈 23 个、体能箱 3 个（高度分别为 25cm、35cm、50cm）、木梯 4 个、长条木板 2 块、桌子 3 张。

经验准备：幼儿已初步学习向前左右跳、翻越的动作要领。

四、活动过程

（一）开始部分（3分钟）

（1）手持敏捷圈绕场地慢跑，跑步过程中穿插原地左右跳的动作。

（2）手持敏捷圈随音乐做热身操（重点拉伸下肢）。

（二）基本部分（12分钟）

1.第一次练习（3分钟）

教师引导语："萌鸡小队的能量环已经充满能量了，现在我们要一起通过向前左右跳的方式吸收能量。请大家把能量环摆放好，我们准备出发！"

（1）幼儿将敏捷圈摆放在教师标记的位置上，形成4列纵队。

（2）教师讲解动作要领，并请幼儿示范。

Z字形向前左右跳：双脚开立，与肩同宽，双脚同时起跳，落地时一只脚在敏捷圈内，一只脚在敏捷圈外。依照此方式，呈交替Z字形向前左右跳。

（3）幼儿进行鱼贯练习，教师观察幼儿运动情况，调动幼儿情绪，纠正幼儿错误动作。

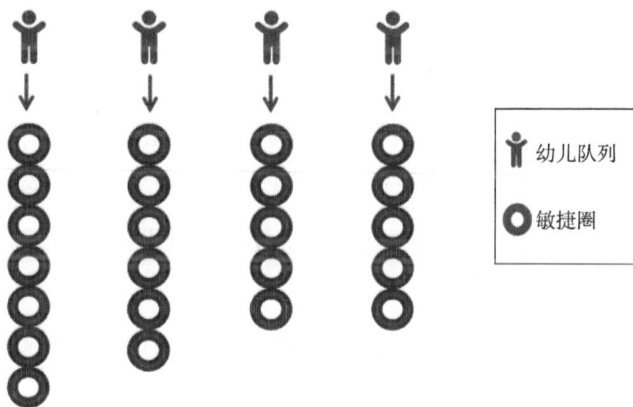

图8-1　"Z字形向前左右跳"练习示意图

2.第二次练习（4分钟）

教师引导语："萌鸡小队已经能量满满了，现在我们一起翻越大山去执行救援任务吧！"

（1）幼儿在起始线后站成4列纵队。

（2）教师讲解动作要领，并请幼儿示范。

连续翻越不同高度障碍物：眼睛直视前方助跑到障碍物前，双手撑住障碍物的同时蹬腿，快速有力地翻过障碍物，落地后继续助跑向前不停顿，翻越下一障碍物。

（3）幼儿进行鱼贯练习，教师观察幼儿运动情况，调动幼儿情绪，纠正幼儿错误动作。

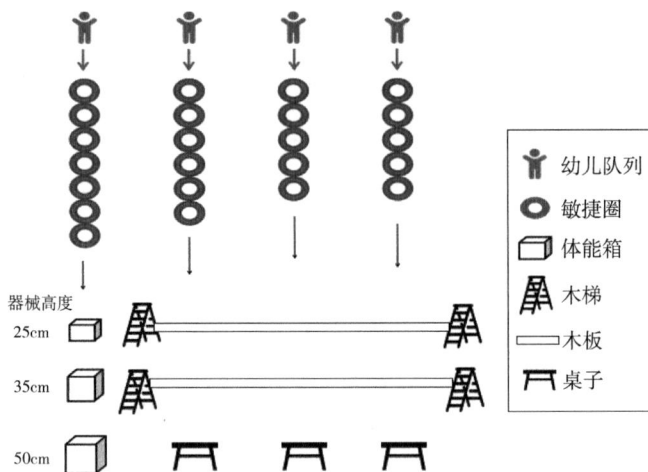

图 8-2 "Z 字形向前左右跳 + 连续翻越不同高度障碍物"练习示意图

3. 游戏：躲避狐狸（5 分钟）

教师引导语："翻过大山，我们终于来到了森林里。森林里有一只大狐狸，随时会出现把小鸡抓走，小鸡听到号角声要赶紧钻进鸡窝里，躲避狐狸。"

（1）幼儿分为两组，一组幼儿手持敏捷圈围成圆圈，一组幼儿在圆圈外面奔跑。

（2）听到号角声后，手持敏捷圈的幼儿举高敏捷圈原地不动，圆圈外的幼儿钻进敏捷圈内，躲避狐狸。

（3）两组幼儿交换，丰富游戏体验。

图 8-3 "躲避狐狸"游戏示意图

（三）结束部分（3分钟）

（1）跟随音乐，教师带领幼儿做放松拉伸（调整呼吸，拉伸颈部、手臂、腰部、腿部等）。

（2）教师和幼儿收拾器械离场。

魔法超人打怪兽

深圳市宝安区机关幼儿园　温伊珊

一、活动名称

魔法超人打怪兽

二、活动目标

1.通过开展正向钻、翻越等的动作练习，提升幼儿肢体协调能力。

2.帮助幼儿掌握肩上投掷的动作要领，增强其手臂力量。

3.借助游戏活动，引导幼儿初步建立团结合作意识，使其体验与同伴共同打倒"怪兽"的成就感。

三、活动准备

器械准备：鸭子拱门7个、拱门3个、三阶跳箱3个、垫子2块、移动音响1个。

经验准备：幼儿已初步掌握双手抱臂无障碍向前移动、平地俯卧、肩上将物体掷出等基本动作要领。

四、活动过程

（一）开始部分（3分钟）

教师引导语："小超人们，听说山上出现了一只怪兽，需要你们把他打跑，现在我们出发上山吧。"

（1）绕场地慢跑（设钻过障碍物关卡）。

（2）徒手热身操（着重活动手部和腿部）。

（二）基本部分（10分钟）

1. 正向钻 + 翻越（3分钟）

教师引导语："我们到达山上了，现在出发找怪兽的家。首先钻过山洞，再翻越城墙。"

（1）教师讲解动作要领，并请幼儿示范：从起点出发到拱门前，双手抱臂弯腰，钻过山洞，然后跑到城墙，双手稳稳搭在城墙上，肚子紧紧贴靠，脚用力蹬地，翻过城墙，最后跑过小三角回到队伍最后排队。

（2）幼儿进行鱼贯练习。教师观察幼儿运动情况，调动幼儿情绪，纠正幼儿错误动作。

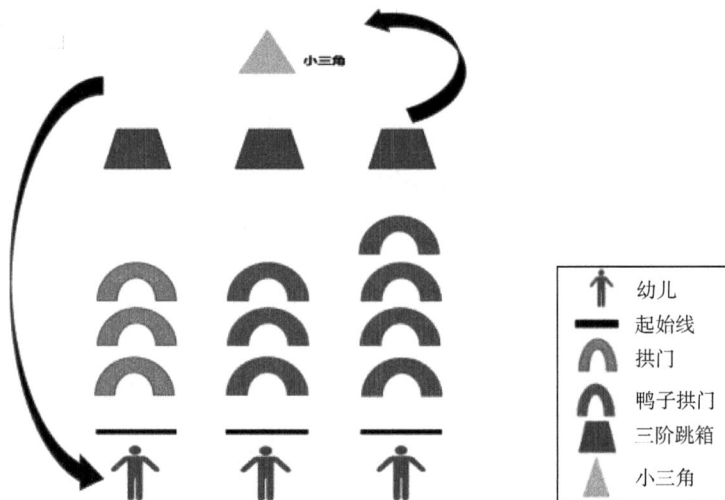

图 8-4 "正向钻 + 翻越"练习示意图

2. 正向钻 + 翻越 + 投掷（4分钟）

教师引导语："恭喜小超人们找到了怪兽的家，现在要把怪兽的家炸掉。"

（1）教师讲解动作要领，并请幼儿示范：钻过山洞，翻越城墙来到怪兽家门口，拿起一颗"炸弹"放在肩膀上，另一只小手瞄准怪兽家，小脚前后站好，用最大的力气把"炸弹"投到怪兽家，然后跑回到起点继续出发。

（2）幼儿进行鱼贯练习。教师观察幼儿运动情况，调动幼儿情绪，纠正幼儿错误动作。

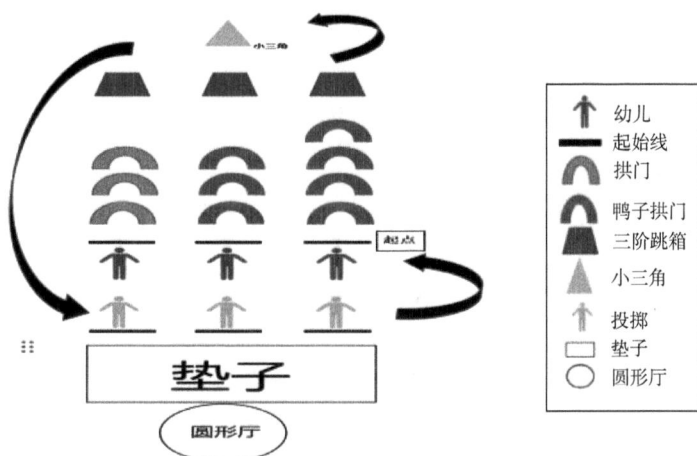

图 8-5 "正向钻＋翻越＋投掷"练习示意图

3.游戏：打倒怪兽（3分钟）

教师引导语："小超人们团结合作，终于把怪兽的家给炸掉了，但还是让狡猾的怪兽逃跑了，我们一定要找到怪兽，打倒它。"

游戏规则：

（1）音乐声响起，每人捡一颗"炸弹"拿在手上，自主运动，锻炼身体。

（2）当发现怪兽出现时，将手中"炸弹"扔向它。

（3）听到口哨声，所有人快速跑回圈内蹲下；一直重复至怪兽被打倒游戏结束。

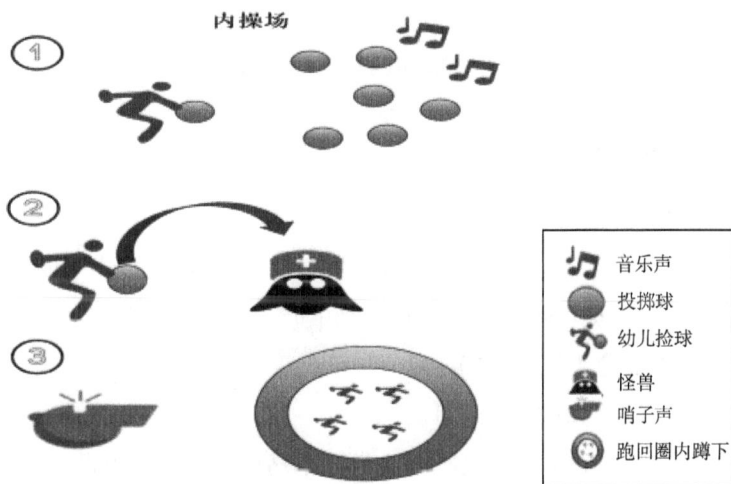

图 8-6 "打倒怪兽"游戏示意图

（三）结束部分（3分钟）

教师引导语："恭喜小超人们成功打败怪兽，但大家的能量也都耗尽了，现在让我们来补充一下能量吧。"

（1）跟随音乐，教师带领幼儿做放松拉伸（全身放松，拉伸上下肢肌群）。

（2）教师和幼儿收拾器械离场。

小乌龟运果子

深圳市宝安区机关幼儿园（集团）金成时代幼儿园　李秋娥

一、活动名称

小乌龟运果子

二、活动目标

1. 发展幼儿手脚协调能力，增强其肢体力量。

2. 借助"小乌龟运果子"游戏，发展幼儿的判断力。

3. 让幼儿体验游戏的快乐，促进其情感发展。

三、活动准备

器械准备：垫子8块、红黄蓝海洋球若干、红黄蓝三种颜色的筐子各1个、拱门4个。

经验准备：幼儿已掌握四肢爬和钻爬的动作要领。

四、活动过程

（一）开始部分（5分钟）

（1）幼儿听音乐随教师绕场地慢跑两圈后，在场地内踏步站成6列纵队。

（2）随音乐做徒手热身操（重点活动下肢及身体核心部位）。

（二）基本部分（16分钟）

1. 小乌龟爬过草地（5分钟）

教师引导语："今天，乌龟妈妈要带领小乌龟们去沙滩上散步，但去沙滩的路上要经过草地还有山洞，小乌龟们要学会本领才能到达沙滩，请你变身小乌龟，快快来一起学习吧。"

（1）教师讲解侧身四肢爬的动作要领，并请幼儿示范：双手、双脚与肩同宽，膝盖离地，同侧手、脚同时向一侧爬行，颈部微抬，眼睛注视移动方向，往哪个方向移动就哪侧手脚先动。

（2）幼儿进行鱼贯练习，教师观察幼儿活动情况，及时纠正幼儿错误动作，确保幼儿安全。

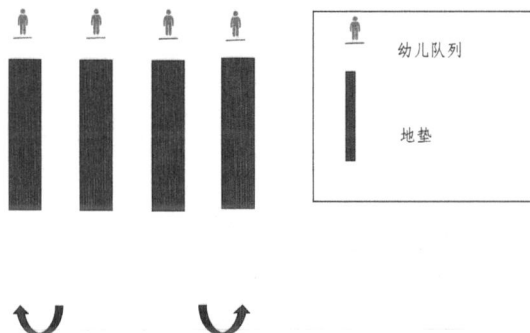

图 8-7 "小乌龟爬过草地"活动示意图

2. 小乌龟钻山洞（5分钟）

师："大家学会了侧身四肢爬的本领，非常了不起。接下来我们还要学习更厉害的跑钻本领，只有学会了，才能到达沙滩，快乐游戏。"

（1）教师讲解跑钻动作要领，并请一名幼儿示范：站立式起跑，跑至障碍物前，低头俯身穿过障碍物。

（2）幼儿进行鱼贯练习，教师观察指导，对个别幼儿给予帮助。

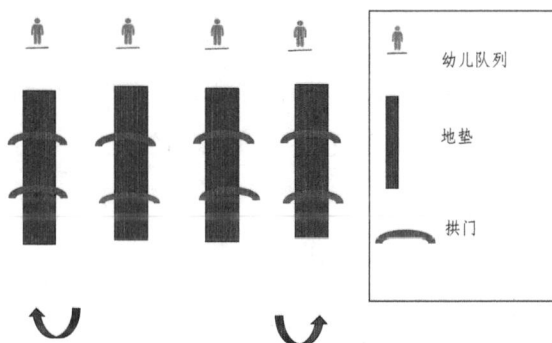

图 8-8 "小乌龟钻山洞"活动示意图

3. 小乌龟运果子（6分钟）

（1）教师引导语："沙滩上有一些筐子，你们看看它们是什么颜色的，一共有几个？动脑筋想一想，小乌龟捡到一个红果子要放到什么颜色的筐子里呢？捡到一个黄果子呢？捡到一个蓝果子呢？请小朋友们爬过草地和山洞，一次只能捡一颗果子，将果子带回来后放入和它相同颜色的筐内。"

（2）幼儿开始游戏，教师设定时间，让幼儿在规定时间内完成游戏。

（3）游戏结束后，教师对表现优秀的幼儿进行表扬，鼓励其他幼儿继续努力。

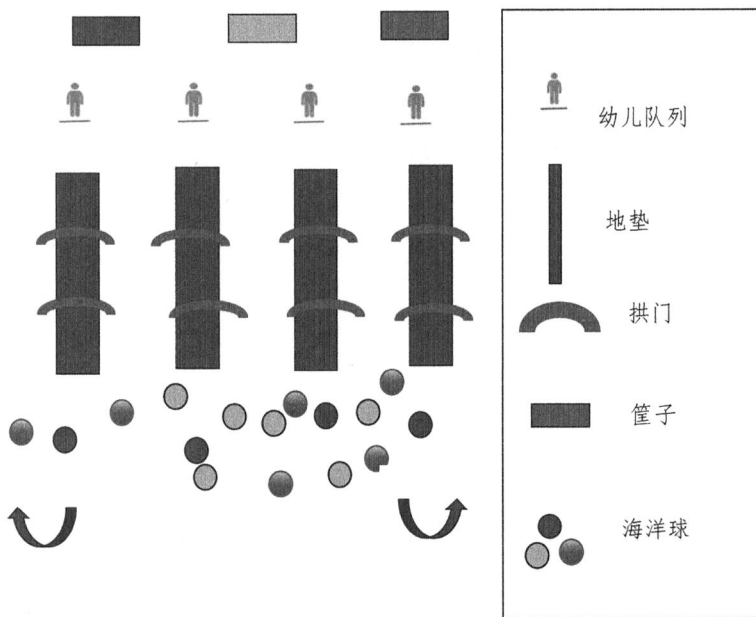

图8-9 "小乌龟运果子"游戏示意图

（三）结束部分（3分钟）

教师引导语："恭喜小朋友们不怕困难爬过了草地和山洞，为我们运送了那么多不同颜色的果子，我们来放松一下恢复力气之后一起去吃果子吧！"（重点放松上肢、腿部）

（1）幼儿听音乐做全身放松动作。

（2）教师和幼儿一起整理场地、器械，活动结束。

小熊探险记

深圳市宝安区机关幼儿园（集团）假日名居幼儿园　吴念瑶

一、活动名称

小熊探险记

二、活动目标

1.掌握鸭子走、立定跳远、跨越的动作练习，提高幼儿足踝稳定性及腿部力量。

2.喜欢参加体育活动，感受集体游戏的快乐。

3.通过游戏"小熊运粮"，增强幼儿的反应能力。

三、活动准备

器械准备：小熊头饰人手1个，红、绿小粮袋（可用沙包代替）若干，红、绿筐各1个，绳子4条、4个圆圈点，16个跨栏，背景音乐。

经验准备：幼儿已有鸭子走、立定跳远、跨越的动作经验。

四、活动过程

（一）开始部分（3分钟）

1.教师扮演小熊妈妈，幼儿扮演小熊宝宝玩角色扮演游戏。

2.播放音乐，教师带领幼儿一起做热身运动，活动头、肩、腰、腿、膝、脚等部位。

（二）基本部分（10分钟）

1.鸭子走 + 立定跳远（3分钟）

教师引导语："今天天气真晴朗，小熊们，让我们一起去前面探险吧。第一关，我们要穿过泥地，跳过河流。"

（1）幼儿在起始线后站成4列纵队。

（2）教师讲解动作要领，并请幼儿示范：身体下蹲，双手可接触地面，左右脚依次向前行走，手臂辅助保持平衡及发力。穿过泥地后，双脚与肩同宽站立，下蹲，手臂摆动至身后，眼睛注视前方。起跳时，手臂由后向前摆动，落地时双脚同时着地，膝盖微微弯曲即可。

（3）幼儿进行鱼贯练习，教师观察幼儿运动情况，调动幼儿情绪，纠正幼儿错误动作。

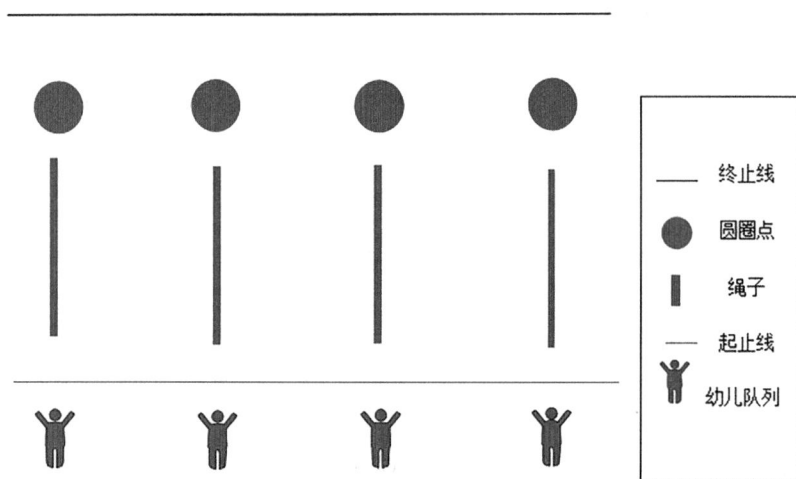

图 8-10　"鸭子走＋立定跳远"练习示意图

2. 鸭子走＋立定跳远＋跨越（4分钟）

教师引导语："小熊们，刚刚大家都特别勇敢，顺利通过了泥地和河流，表现得真棒！现在，河流前面新增了陷阱，需要小熊们跨越障碍物，大家有没有信心完成挑战？"

（1）幼儿在起始线后站成4列纵队。

（2）教师讲解动作要领，并请幼儿示范。

跨越：双脚脚尖朝前，依次向前连续跨过障碍物。跨动过程中，异侧手脚同步摆动，眼睛始终注视正前方。

（3）幼儿依次进行练习，教师密切观察幼儿运动状况，积极鼓励幼儿，调动幼儿情绪，及时纠正幼儿错误动作。

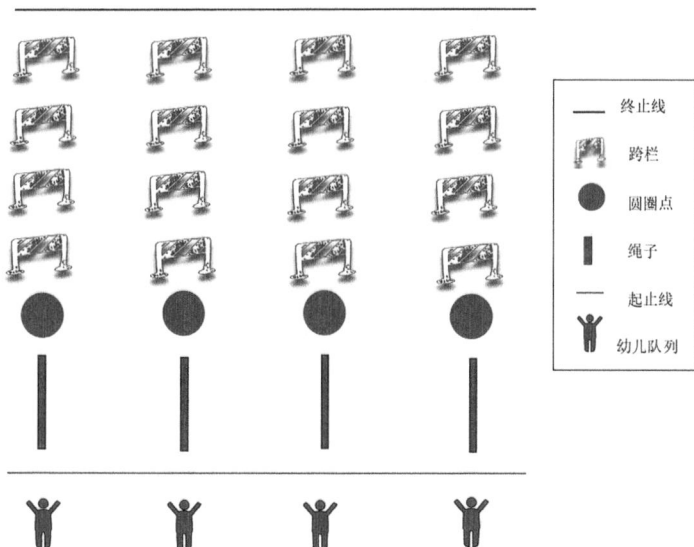

图 8-11　"鸭子走 + 立定跳远 + 跨越"练习示意图

3. 游戏：小熊运粮（3 分钟）

教师引导语："小熊们，熊妈妈肚子饿啦，现在需要你们去前方寻找用沙包制成的小粮袋。要注意哦，红色和绿色的小粮袋，得按照颜色标记分别运回对应的粮仓。不过呀，路上可能会碰到猎人，要是遇到猎人，小熊们就赶紧蹲在两边的绳子上，这样就能躲开猎人啦。"

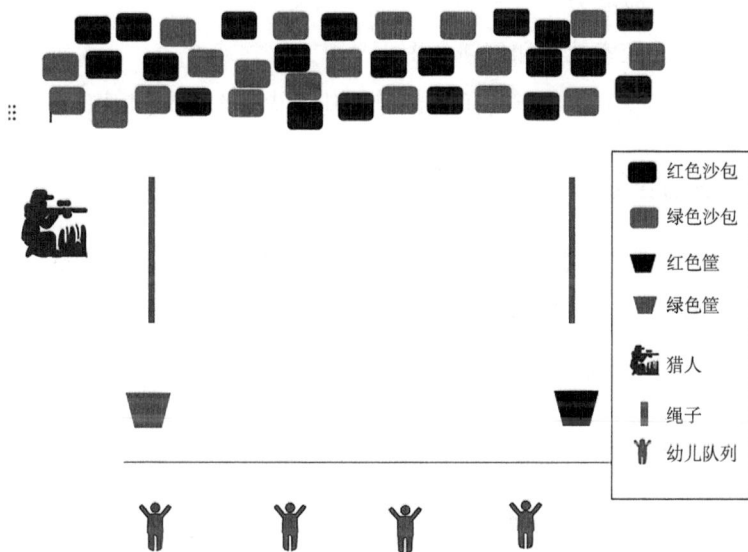

图 8-12　"小熊运粮"游戏示意图

（三）结束活动（3分钟）

（1）跟随舒缓的音乐，教师带领幼儿做放松活动，鼓励幼儿先自己拍拍手臂、膝盖，再互相拍拍手臂、膝盖。

（2）教师与幼儿收拾器械离场。

第二节　中班

篮球小健将

深圳市宝安区机关幼儿园　唐海燕

一、活动名称

篮球小健将

二、活动目标

1.帮助幼儿熟练掌握左右交替运球、S形路线滚球、投球动作，锻炼其手眼协调能力及反应能力。

2.激发幼儿探索欲望和创新意识。

3.让幼儿感受篮球赛事的乐趣，促进其团队合作能力的提升。

三、活动准备

器械准备：小雪糕筒22个、标志碟4个、大雪糕筒10个、大敏捷圈10个、篮球推车1辆、音响、各环节音乐。

经验准备：幼儿已有左右交替运球、投球的动作经验。

四、活动过程

（一）开始部分（4分钟）

（1）听音乐抱球绕场地慢跑两圈后，站成6列纵队。

（2）随着音乐做篮球热身操：体转、踢腿、跳跃、接反弹球、左右交替拍球，踏步整理。

（二）基本部分（18分钟）

1.分组练习：获得篮球技能（8分钟）

教师引导语："欢迎篮球小健将们来参加'篮球大比拼'活动，进行'篮球大比拼'之前要先学好两项本领：左右交替运球＋投球和S形路线滚球，篮球小健将们有没有信心？"（将幼儿分成A、B两组）

（1）A组：左右交替运球＋投球。

①幼儿在起始线后站成3列纵队。

②教师讲解动作要领，并请幼儿示范，在拍球的基础上，左右手交换拍球。拍球过程中左右手轮换放于身体两侧，到达终点后完成投球动作，然后迅速接球，最后返回队尾。

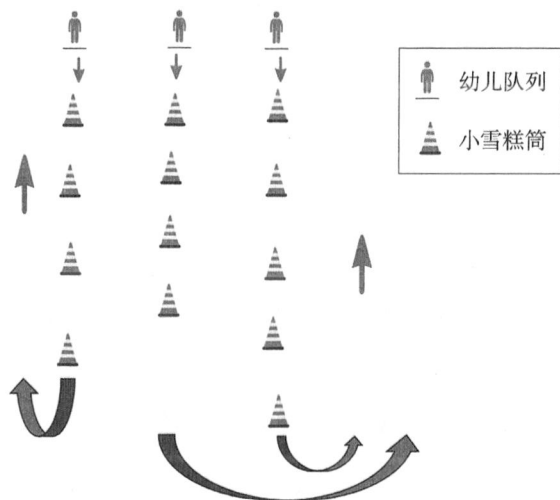

图8-13　"左右交替运球＋投球"练习示意图

（2）B组：S形路线滚球。

①幼儿在起始线后站成3列纵队。

②教师讲解动作要领，并请幼儿示范：身体下蹲、双手扶稳地上的球，运用手臂腕关节的力量，将球轻轻向前滚出，绕过雪糕筒，使其滚向终点。

到达终点后，从两侧运球回到队尾。

（3）A、B组交换练习，教师观察幼儿运动情况，调动幼儿情绪，纠正幼儿错误动作。

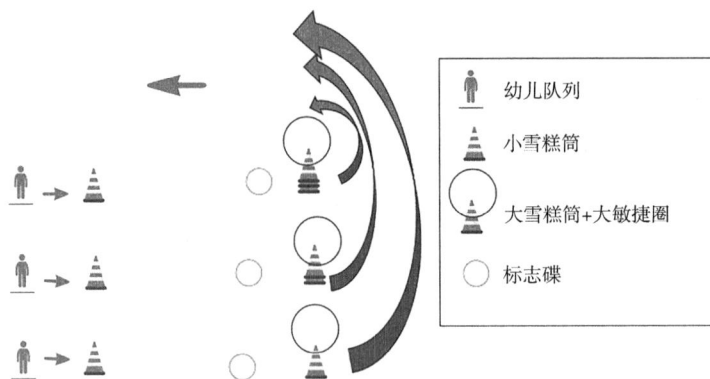

图 8-14 "S 形路线滚球"练习示意图

2. 自由探索篮球（6 分钟）

教师引导语："恭喜篮球小健将们挑战成功！现在请篮球达人和球玩游戏，看看你能想出多少好玩的玩法？比比看谁的玩法更有创意、更有趣，还能锻炼身体。"

（1）幼儿自由玩球，老师引导幼儿创新玩法。

（2）幼儿分享创意玩法。

3. 游戏：篮球技能大比拼（4 分钟）

教师引导语："恭喜大家获得了两项本领。你们真是太了不起了。篮球技能大比拼游戏开始啦，篮球小达人们快来参加比赛吧！"

（1）教师讲解游戏规则：幼儿分成 A、B 两组，每组 2 名队员参赛。4 名幼儿同时向场地中心点出发抢夺篮球，抢到篮球后，需带球返回各自营地，并进行投篮，投中计一分，分数高的队伍获胜。

（2）主课教师负责发球，配课教师做裁判负责记分。

（3）游戏进行中，教师观察幼儿游戏情况。游戏结束后，教师和幼儿一起统计 A、B 两组的得分情况，并对本次活动进行小结。

图 8-15　"篮球技能大比拼"游戏示意图

（三）放松部分（2分钟）

（1）跟随音乐，教师一边做总结一边带领幼儿做放松拉伸。

（2）教师和幼儿收拾器械离场。

趣味跑跑镇

深圳市宝安区机关幼儿园　王呈芳

一、活动名称

趣味跑跑镇

二、活动目标

1. 帮助幼儿熟练掌握倒退分腿跑、连续跨跑动作，锻炼其身体协调性及灵活性。

2. 引导幼儿尝试不同的运动方向，发展其空间意识及感知觉运动能力。

3. 培养幼儿不断挑战自我、超越自我的精神，增强耐力和自信心。

三、活动准备

器械准备：粗麻绳3根、障碍杆16根、跨栏8个、万能工匠障碍栏8组、绳梯1条、粉笔1支、移动音箱、各环节音乐。

经验准备：幼儿已有倒退分腿跑、连续跨跑的动作经验。

四、活动过程

（一）开始部分（5分钟）

（1）幼儿听音乐随教师绕场地花样慢跑（S跑、障碍跑、侧滑跑、倒退跑）两大圈后，在场地内找空位踏步站成6列纵队。

（2）随音乐做徒手热身操（着重活动下肢）。

（二）基本部分（14分钟）

1. 跑跑三角镇（4分钟）

教师引导语："欢迎来到趣味跑跑镇，你们将要变成跑跑镇里的'跑跑居民'，一起进行三个等级的闯关游戏，完成闯关就能升级为跑跑小达人！"

（1）幼儿在三角镇粉笔标记线后排好队。

（2）教师讲解分腿倒退跑动作要领，并请幼儿示范：背对终点，双脚分开站立于大绳两侧，手臂弯曲在身体两侧自由摆动，低头看绳分腿向后倒退跑。

（3）幼儿进行鱼贯练习，教师观察幼儿运动情况，调动幼儿情绪，纠正幼儿错误动作。

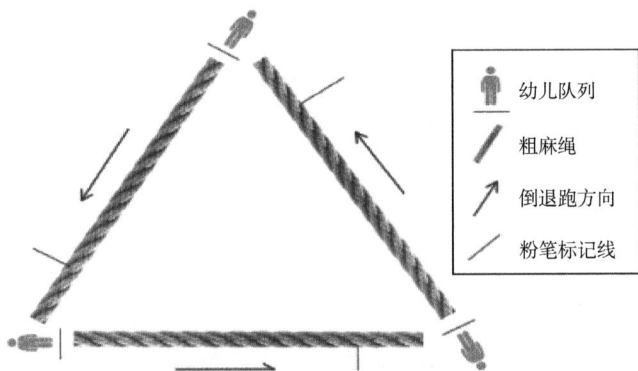

图8-16 "分腿倒退跑"练习示意图

2. 跑跑斑马镇（4分钟）

教师引导语："恭喜跑跑居民通过三角镇关卡！现在来到'跑跑斑马镇'关卡，斑马镇陷阱重重，需要利用连续跨跑的方式快速通过，注意不要踩到斑马线哦！"

（1）幼儿在起始线后站成3列纵队。

（2）教师讲解连续跨跑动作要领，并请幼儿示范：助跑时自然摆臂，在跨栏前膝盖向上抬起呈 90° 状态，连续跨越障碍物。

（3）幼儿进行鱼贯练习，教师观察幼儿运动情况，指导幼儿动作。

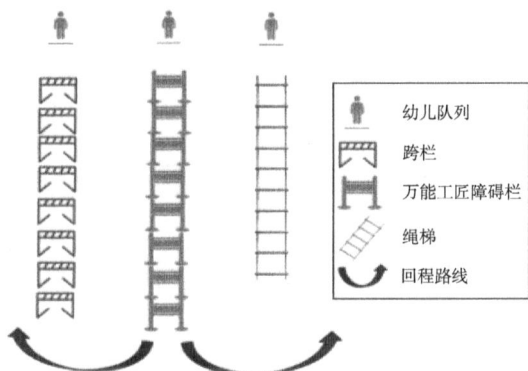

图 8-17 "连续跨跑"练习示意图

3.游戏：跑跑镇大循环（6分钟）

教师引导语："跑跑居民们太厉害了！斑马镇关卡也顺利通过了，接下来运动升级。这里有复杂的路线、重重的障碍，相信你们都能顺利通过，加油！"

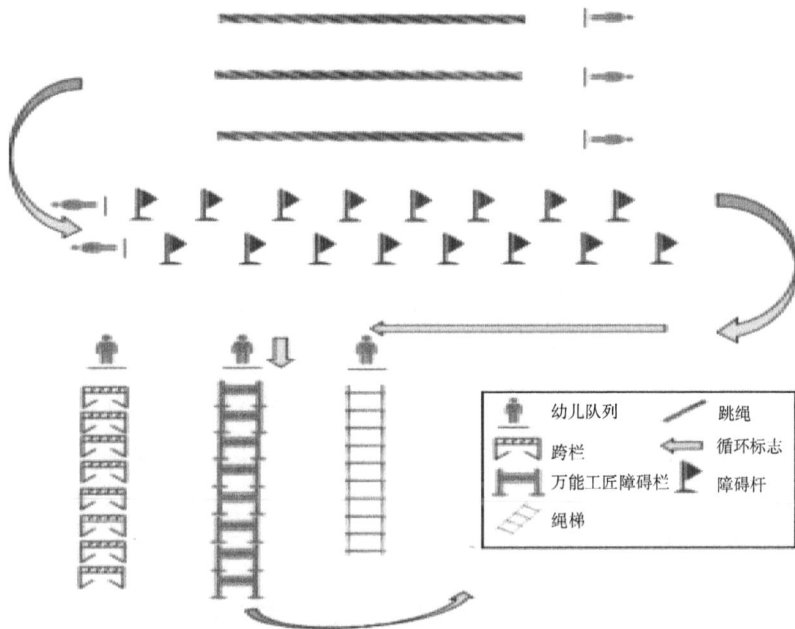

图 8-18 "跑跑镇大循环"游戏示意图

（1）请配课教师和一名幼儿同时进行示范，引导其他幼儿观察并讲解动作要领和注意事项：用分腿倒退跑的方式通过调整后的三角镇，用S形侧滑步动作通过障碍杆，然后用助跑跨跳通过斑马镇。

（2）幼儿自选出发点，进行倒退跑→S形侧滑步→助跑跨跳循环闯关游戏。

（3）教师观察幼儿运动情况，调动幼儿情绪。

（三）结束部分（3分钟）

教师引导语："恭喜跑跑居民们成功升级为跑跑小达人！请跑跑小达人们一起放松身体吧！"

（1）听音乐幼儿跟着教师做放松活动，调整呼吸、颈部拉伸、腰部拉伸、盘腿下压、腿部拉伸等。

（2）教师与幼儿一起收拾器械离场。

抗洪战队

深圳市宝安区机关幼儿园　王蓓

一、活动名称

抗洪战队

二、活动目标

1. 帮助幼儿熟练掌握侧爬、匍匐前进动作，锻炼幼儿上下肢力量与身体核心力量，提高身体协调性及灵敏性。

2. 引导幼儿尝试探索体操垫的多种玩法，激发其探索欲望和创新意识。

3. 培养幼儿团队合作意识，引导幼儿体会抗洪战士的奉献精神。

三、活动准备

器械准备：小体操垫10块、大体操垫6块、雪糕筒4个、塑料棍棒4根、软体跳箱4个、移动音箱、各环节音乐。

经验准备：幼儿已有侧爬、匍匐前进动作经验。

四、活动过程

（一）开始部分（5分钟）

（1）幼儿随教师绕场地慢跑，两圈后在场地内踏步站成6列纵队。

（2）随音乐做徒手热身操，依次做头部、伸展、体侧、腹背、跳跃、手脚腕关节、整理等运动。

（二）基本部分（14分钟）

1.勇渡河滩（3分钟）

教师引导语："小动物家园被洪水淹没，需要抗洪小战士们去前线支援。大家要渡过河滩才能到达小动物家园。你们准备好了吗？"

（1）幼儿在起始线后站成4列纵队。

（2）教师讲解动作要领，并请幼儿示范。

侧爬：双手、双脚与肩同宽支撑于地面，同侧手脚同时向同一方向移动，眼睛注视移动方向。

匍匐前进：采取俯卧姿势，目视前方。左手屈肘在前，右手团胸，右腿屈膝约90°，脚掌蹬地，左腿保持伸直状态，手脚同时发力，左右交替进行动作。

（3）幼儿进行鱼贯练习，教师观察幼儿运动情况，调动幼儿情绪，纠正幼儿错误动作。

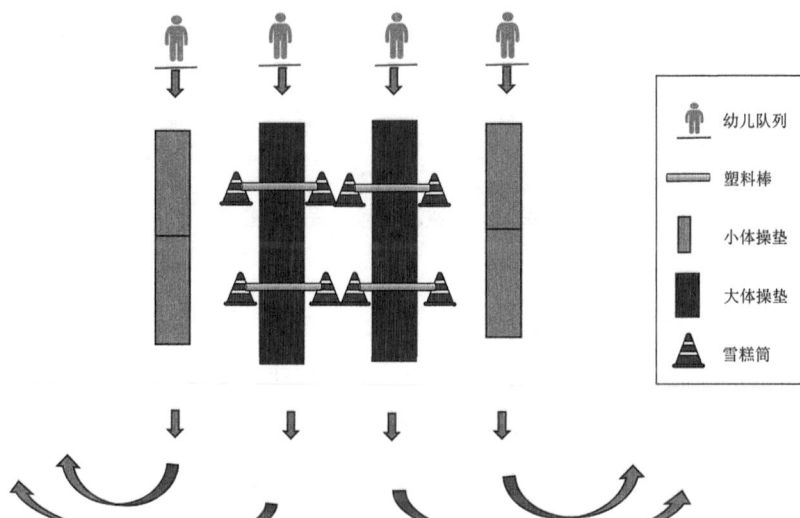

图8-19　"勇渡河滩"活动示意图

2.巧渡流沙河（3分钟）

教师引导语："小战士们非常勇敢地渡过了河滩，现在我们要利用石块巧渡流沙河继续赶往小动物家园。"

（1）幼儿在起始线后站成4列纵队。

（2）教师讲解动作要领和注意事项，并请幼儿示范：踏上跳下时，单脚抬起，踏在垫子上，随后双脚落地，膝盖微弯下蹲，腹部收紧。双脚并拢，膝盖保持微弯状态跳下，绕过障碍物跑回队尾。

（3）幼儿进行鱼贯练习，教师观察幼儿运动情况，指导幼儿动作，调动幼儿情绪。

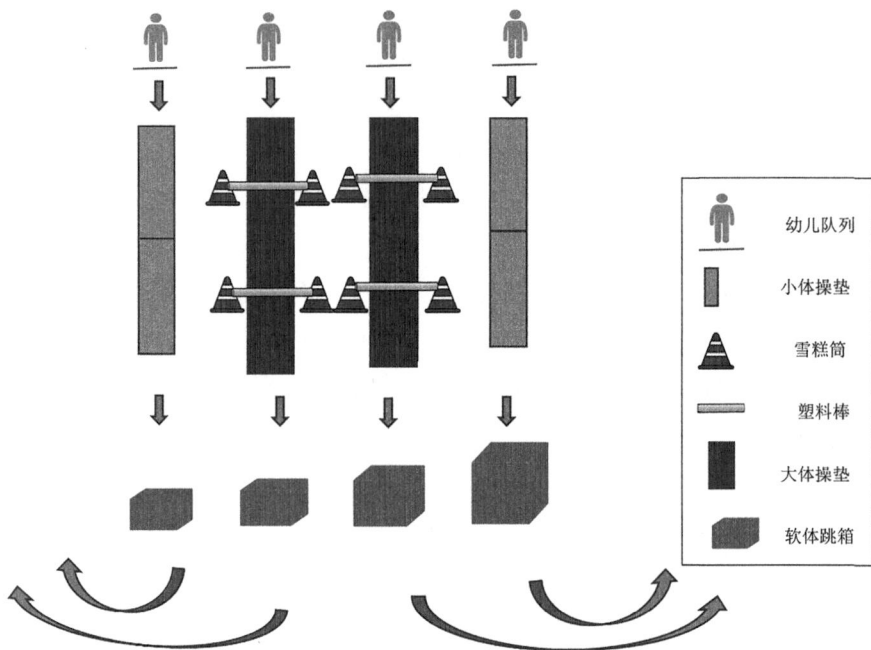

图8-20　"巧渡流沙河"活动示意图

3.合力奋进（3分钟）

教师引导语："历经千辛万苦，大家终于来到小动物家园。这里有很多垫子，请抗洪小战士们想办法利用垫子，保卫小动物家园？大家动手试一试，看看哪位小朋友和同伴想出的方法既多又有效。"

（1）幼儿自由分散玩体操垫，教师注意观察，适时指导。

（2）集中幼儿，请幼儿示范并交流玩法。

4.同舟共济（2分钟）

教师引导语："刚才小战士们展示了很多利用体操垫保卫动物家园的方法，你们可以选择最有效的方法进行尝试。"

（1）幼儿再次探索，教师观察指导。

（2）集中幼儿，重点引导幼儿示范多人对抗方法。

5.游戏: 抗洪保卫战（3分钟）

教师引导语："洪水越来越大，'抗洪保卫战'打响了！"

（1）教师讲解游戏规则：幼儿听音乐围着垫子转圈移动，听到警报声，垫子两侧的队伍筑起堤坝，开展"抗洪保卫战"。

（2）游戏反复进行3次，教师观察游戏情况，及时鼓励幼儿。

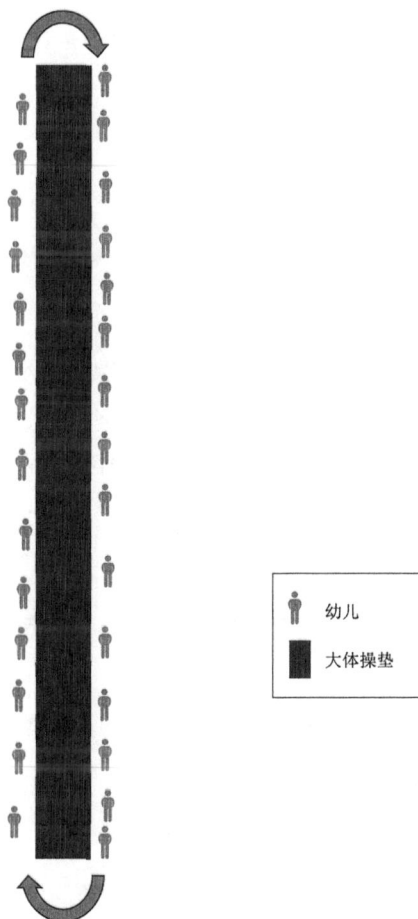

图 8-21　"抗洪保卫战"游戏示意图

（三）结束部分（2分钟）

教师引导语："在抗洪小战士们的共同努力下，小动物家园终于抢险成功。请小战士们放松一下身体吧！"

（1）幼儿听音乐跟随教师拉伸上肢、大腿内侧、腹部、腰部等。

（2）教师和幼儿一起收拾器械离场。

第三节　大班

武林大会

深圳市宝安区机关幼儿园　严梓豪

一、活动名称

武林大会

二、活动目标

1. 帮助幼儿熟练掌握开合单脚跳与剪刀跳的动作，发展其身体协调性。

2. 借助跳远的动作练习，增强幼儿下肢爆发力。

3. 培养幼儿勇于挑战自我的精神和团队合作意识。

三、活动准备

器械准备：敏捷圈12个、体能箱2个、桌子4张、雪糕筒若干、标志碟若干、移动音箱、各环节音乐。

经验准备：幼儿已有开合单脚跳、剪刀跳的动作经验。

四、活动过程

（一）开始部分（5分钟）

（1）幼儿绕场地慢跑两圈后小跑步站成6列纵队。

（2）随音乐做徒手操（重点活动下肢及身体核心部位）。

（二）基本部分（14分钟）

1. 分组前往武林大会（8分钟）

教师引导语："小小功夫侠们，在武林大会上有武功秘籍，得到秘籍的功夫侠将成为武功大师。想得到秘籍就要通过茂密的丛林、翻越高山去到武林大会现场，你们有信心吗？"（将幼儿分成A、B两组）

（1）A组：穿越丛林。

①幼儿在起始线后站成2列纵队。

②教师讲解动作要领，并请幼儿示范。

障碍爬行：双手、双脚与肩同宽，两膝不触地，异侧手、脚同时向前爬行，眼睛注视前方障碍。

翻越障碍物：翻越障碍物时，双手握住或按压在器材上，先蹬起一脚至一定高度，随后手脚协同发力，提升身体重心高度。

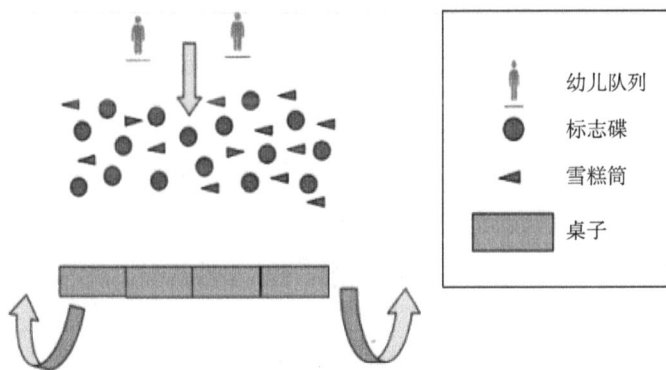

图8-22　"穿越丛林"活动示意图

（2）B组：翻越高山。

①幼儿在起始线后站成2列纵队。

②教师讲解动作要领，并请幼儿示范。

开合单脚跳：双脚张开与肩同宽，双脚同时发力向上跳，单脚落地，接触地面后发力跳回原来位置，换另外一只脚支撑，以此循环。

跳远：双脚开立与肩同宽，膝盖弯曲约90°，眼睛平视前方，双手放松自然下垂，放于大腿两侧。大腿发力向前跳跃时摆臂向上，注意要抬起大腿，落地瞬间恢复到起始动作。

（3）A、B两组交换练习，教师观察幼儿运动情况，鼓励幼儿大胆挑战。

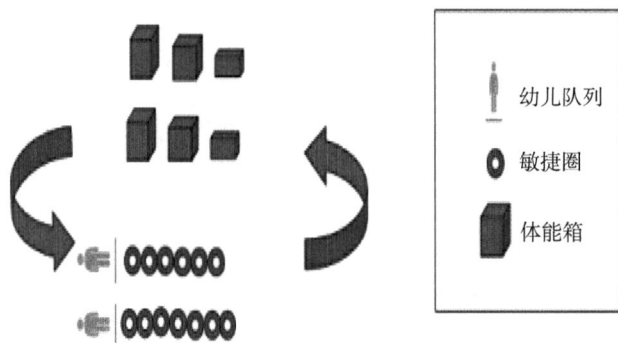

图 8-23　"翻越高山"活动示意图

2. 游戏：争夺武林秘籍（6分钟）

教师引导语："恭喜小小功夫侠们来到武林大会现场。想得到武功秘籍，就展示你们的本领吧！"

（1）幼儿分成两队，分别为进攻方与防守方。进攻方需要将标志碟放到指定位置，防守方则需要阻止进攻方完成放置。防守方碰到进攻方人员即为防守成功。

（2）教师讲解游戏规则：两队在场地两端对面而站，每队每次派出两名幼儿，进攻方和防守方依次交替，进行角色互换。

（3）游戏进行时，教师当裁判，同时观察游戏情况，及时鼓励幼儿。

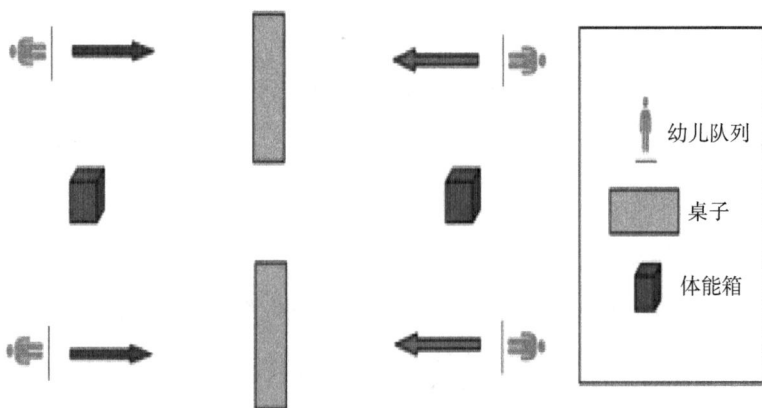

图 8-24　"争夺武林秘籍"游戏示意图

（三）结束部分（2分钟）

教师引导语："恭喜×××功夫侠获得武功秘籍，成为功夫大师！现在我们跟随秘籍来放松身体吧！"

（1）跟音乐随教师一起进行身体各部位拉伸放松（重点放松下肢及身体核心部位）。

（2）教师和幼儿一起收拾器械离场。

小小探险家

深圳市宝安区机关幼儿园　田园

一、活动名称

小小探险家

二、活动目标

1. 提高幼儿核心力量，提升幼儿身体协调性、灵敏性。

2. 提高幼儿手眼协调能力。

3. 引导幼儿感受与同伴合作玩游戏的快乐。

三、活动准备

器械准备：跳绳若干、高跨栏6个、矮跨栏6个、敏捷梯2组、敏捷圈6个、雪糕筒6个、筐3个、球若干。

经验准备：幼儿已掌握剪刀跳和连续跨跳的动作要领。

四、活动过程

（一）开始部分（5分钟）

（1）幼儿听音乐随教师绕场地慢跑两圈后，在场地内找空位踏步站成6

列纵队。

（2）随音乐做徒手热身操，依次做上举、伸展、转体、腹背、下蹲、波比跳等运动。

（二）基本部分（20分钟）

教师引导语："今天我们化身小小探险家，要去丛林探险，在进入危险的丛林前先要学会一些特殊的本领，大家有没有信心？"（全班幼儿分成两组，主、配班教师各带一组同时进行练习）

1. 分组练习（8分钟）

（1）A组：连续跨跳＋倒退跑。

①幼儿在起始线后站成2列纵队。

②教师讲解连续跨跳和倒退跑的动作要领，并请幼儿示范。

连续跨跳：向前跑动中一条腿用力蹬地，另一条腿向上跳起，摆腿方向正，落地轻，落地后向前方连续跨栏。

倒退跑：脚踩直线，背对终点站立向后倒退跑，眼睛看向地面线条位置，脚跟不落地并积极摆臂，到达终点后从器械两边回到队伍后排队。

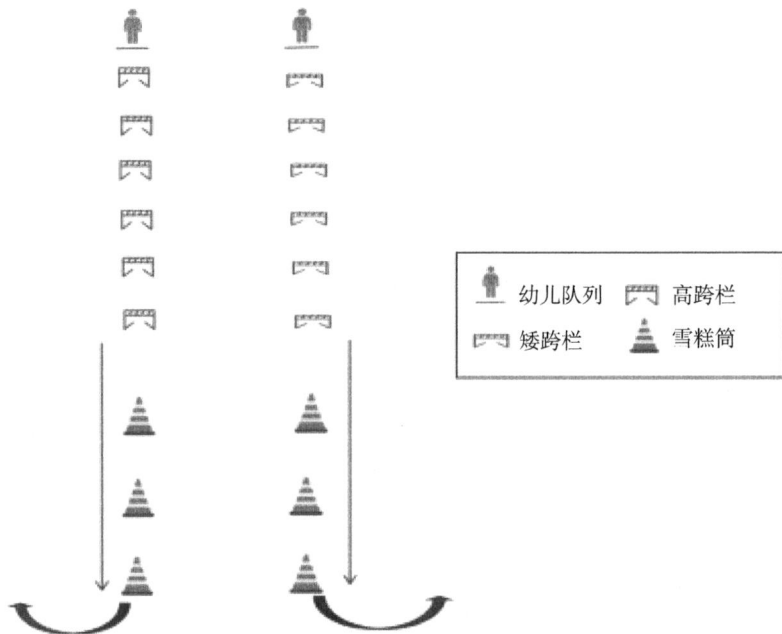

幼儿队列	高跨栏
矮跨栏	雪糕筒

图8-25 "跨跳＋倒退跑"练习示意图

（2）B组：四肢正向爬+横向剪刀跳。

①幼儿在起始线后站成2列纵队。

②教师讲解四肢正向爬和横向剪刀跳的动作要领，并请幼儿示范。

四肢正向爬：双手、双脚与肩同宽，两膝不着地，异侧手、脚同时向前爬行，眼睛注视指定方向。

横向剪刀跳：双手叉腰，双脚前后站立，间距适中。起跳时在空中前后脚交替，落地时仅脚尖着地，随后进行横向剪刀跳，完成后从器械两侧回到队伍后排队。

（3）A、B两组交换场地练习，教师观察幼儿运动情况，鼓励幼儿大胆挑战。

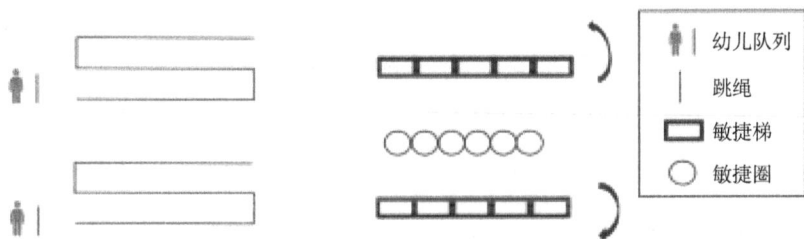

图8-26　"四肢正向爬+横向剪刀跳"练习示意图

2.冒险大循环（6分钟）

教师引导语："恭喜你们完成森林探险的第一步，现在探险路线难度升级！小小探险家们需要利用刚刚学到的本领通过整个森林，做好准备，咱们出发吧。"

（1）请两名幼儿分别在两个出发点进行示范，教师讲解路线：连续跨跳→直线倒退跑→四肢着地爬→捡到"食物"→横向剪刀跳→将"食物"放到筐里→从两边绕回队伍里，完成一个循环。

（2）幼儿进行鱼贯练习，教师观察幼儿运动情况，指导幼儿动作，调动幼儿情绪。

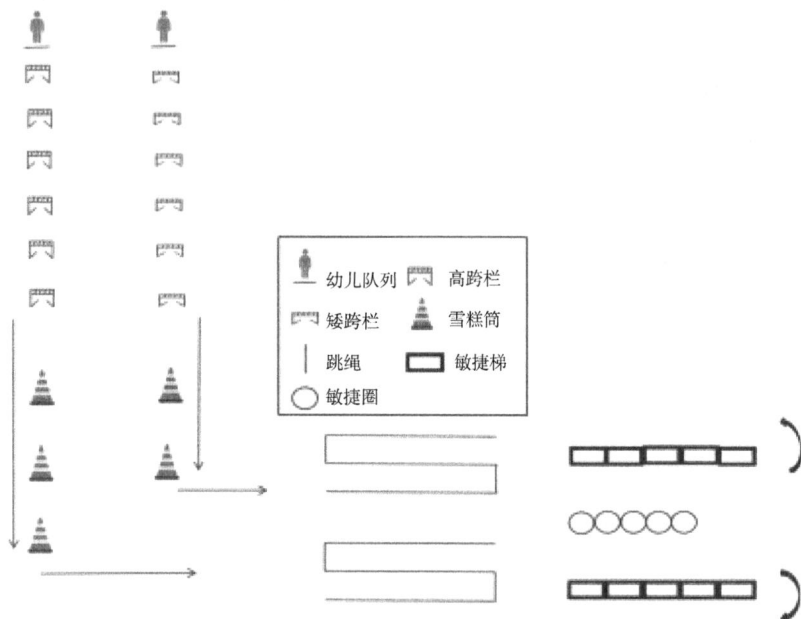

图 8-27　"冒险大循环"活动示意图

3.游戏：丛林大作战（6分钟）

教师引导语："森林里有只凶狠的大灰狼，导致丛林里的小动物们好多天都没有找到食物了。现在我们要穿越丛林，帮助小动物运送食物。小小探险家们，你们准备好了吗？请出发！"

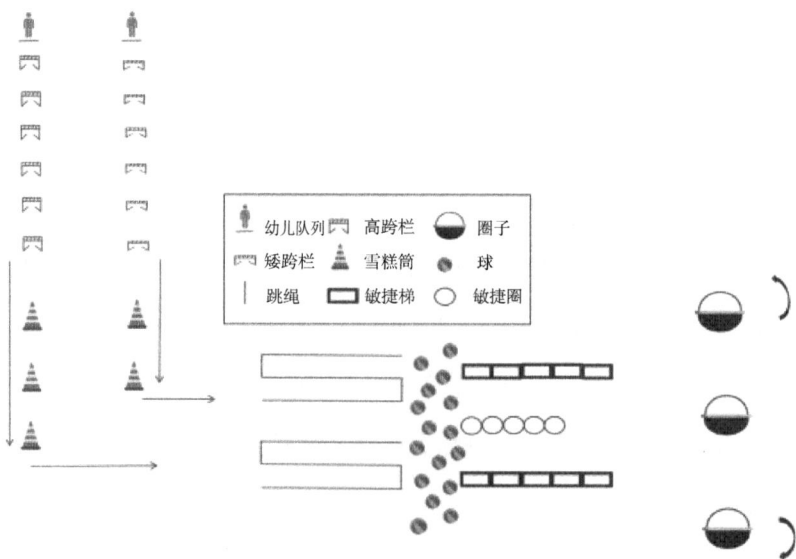

图 8-28　"丛林大作战"游戏示意图

游戏规则：幼儿将食物送到指定位置，听到大灰狼的声音要立刻站到器械上躲避，等声音停止再继续寻找食物，依次循环游戏过程。

（三）结束部分（2分钟）

教师引导语："恭喜小小探险家们！我们在保护好自己的同时也帮助小动物们找到了很多食物。在大家的帮助下，小动物们吃饱了肚子，有了力气，打败了大灰狼。我们来放松一下吧！"

（1）跟随音乐，教师带领幼儿做放松拉伸（调整呼吸、颈部拉伸、手臂拉伸、腰腹部拉伸、猫式伸展、下犬式腿部拉伸等）。

（2）教师与幼儿一起收拾器械离场。

海底小纵队

深圳市宝安区机关幼儿园　罗梅芬

一、活动名称

海底小纵队

二、活动目标

1. 帮助幼儿熟练掌握匍匐前进、进进出出动作，锻炼上下肢力量，提高身体协调性及灵敏性。

2. 引导幼儿尝试挑战不同的运动方向，发展空间方位意识，提高身体反应能力。

3. 培养幼儿竞争意识和团队合作精神。

三、活动准备

器械准备：折叠体操垫9块、雪糕筒8个、平衡半球2个、跨栏2个、小呼啦圈若干、敏捷圈若干、指压板若干、收纳筐2个、皮筋绳1根、铃铛球若干、移动音箱、各环节音乐。

经验准备：幼儿已有匍匐前进、进进出出动作经验。

四、活动过程

（一）开始部分（5分钟）

（1）幼儿听音乐随教师绕场地慢跑两圈后小跑步站队。

（2）随音乐做徒手热身操（重点进行下肢的热身）。

（二）基本部分（14分钟）

1. 分组练习：救援闯关（8分钟）

教师引导语："欢迎来到海底小纵队训练基地参加'闯关活动'，成功挑战三关就能成为海底小纵队队员！分组挑战赛马上开始，请小队员们分成A、B两组，听到哨声后到达挑战位置。"

（1）A组：匍匐前进。

①幼儿在起始线后站成3列纵队。

②教师讲解动作要领，并请幼儿示范：身体俯卧紧贴在垫子上，目视前方，左手肘弯曲在头前方紧贴垫子、右膝微屈紧贴垫子，手脚同时发力使身体向前运动。

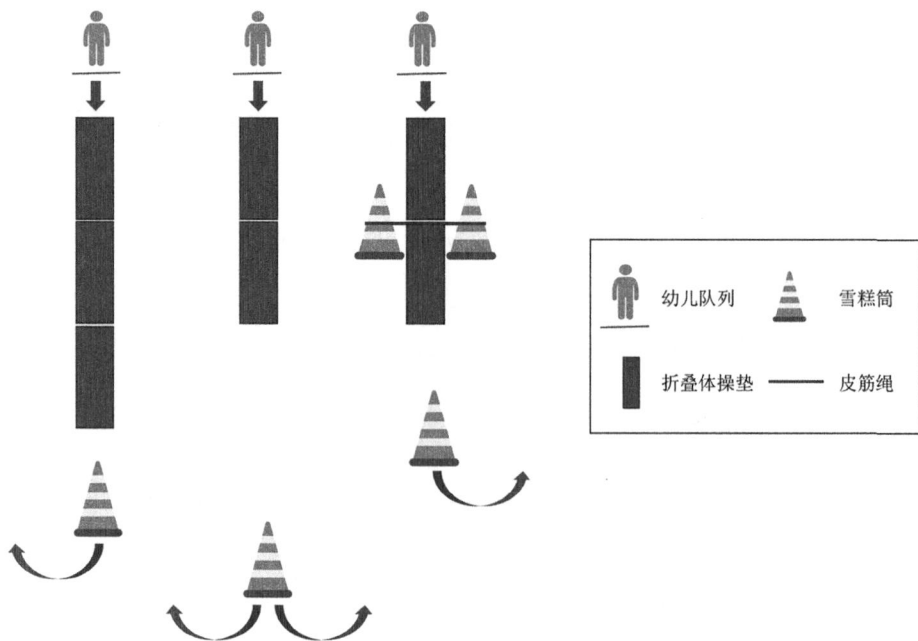

图8-29 "匍匐前进"练习示意图

（2）B组：进进出出。

①幼儿在右侧起始线后站成3列纵队。

②教师讲解动作要领和注意事项，并请幼儿示范：双脚自然分开站于圈外，膝盖微屈，左右脚先后走入圈内，脚跟微微离开地面，腹部收紧。（注意：当前一位队员到达"红色陷阱"时，下一名队员出发。通过陷阱后，拍击雪糕筒后返回队尾。）

（3）A、B组交换场地练习，教师观察幼儿运动情况，调动幼儿情绪。

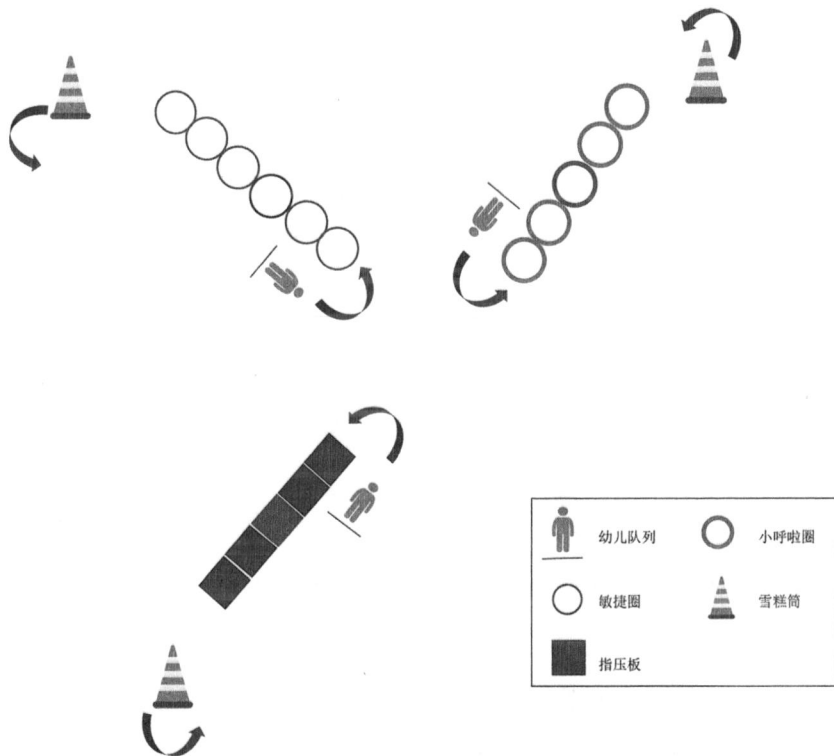

图标	说明	图标	说明
幼儿队列		小呼啦圈	
敏捷圈		雪糕筒	
指压板			

图8-30　"进进出出"练习示意图

2.循环练习：寻找海底乐园（3分钟）

教师引导语："海底纵队小队员们太厉害了，顺利闯过两关！在海底乐园里隐藏着很多炸弹，接下来先请小队员们出发寻找到海底乐园！"

（1）请配课教师和一名幼儿同时进行不同路线示范，教师讲解动作要领及注意事项：匍匐前进→助跑跨跳→进进出出→海底乐园，完成一次循环。

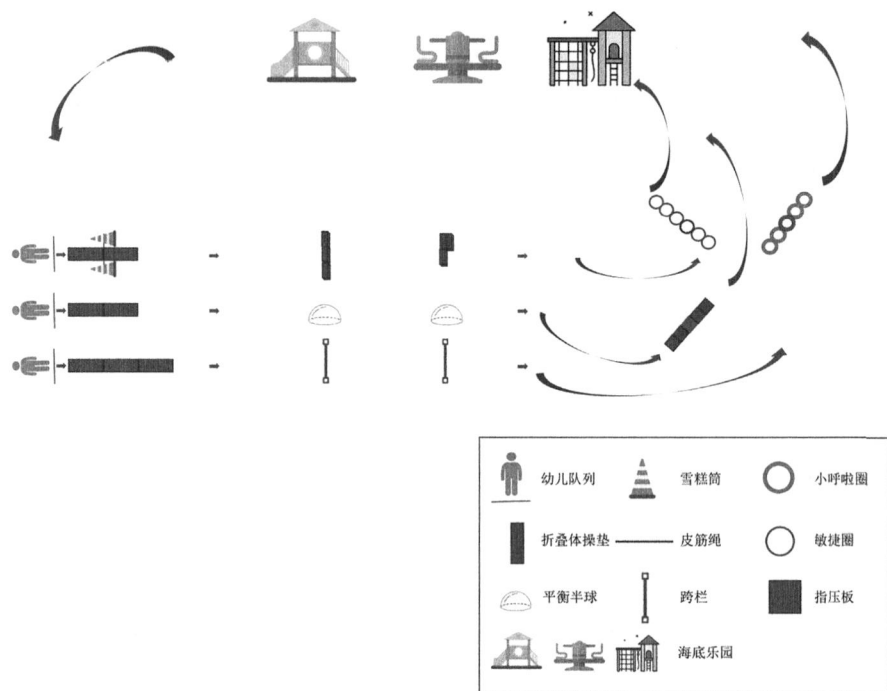

图 8-31 "寻找海底乐园"活动示意图

（2）幼儿自选出发点进行海底乐园路线熟悉，教师观察幼儿的运动情况，及时引导幼儿。

3.游戏：搜集海底炸弹（3分钟）

教师引导语："恭喜小队员们成功找到了海底乐园，现在可以去搜集海底炸弹了。"

（1）教师讲解游戏规则和注意事项：A、B两组小队员自选出发点，循环通过匍匐前进→助跑跨跳→进进出出→海底乐园。经过海底乐园时搜集炸弹并把炸弹放回本队的炸弹收纳筐内。注意：一次只能收集一枚炸弹，听到警报声快速回到本队场地，所有队员手搭肩将炸弹收纳筐围护起来，防止敌人偷袭。

（2）游戏反复进行3次，教师观察幼儿游戏情况。游戏结束后，教师和幼儿一起统计A、B两组搜集的炸弹数量。

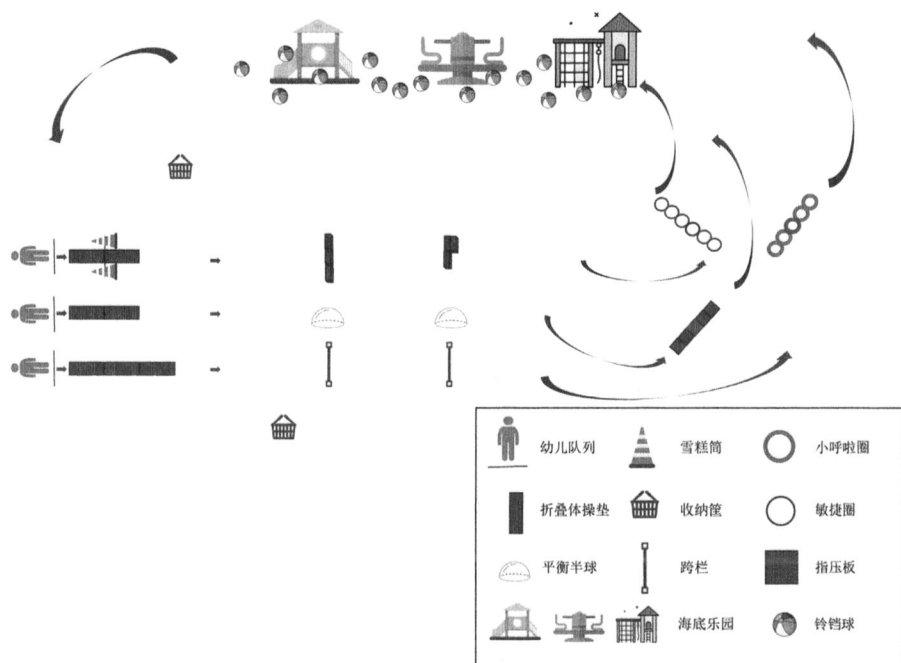

图 8-32 "搜集海底炸弹"游戏示意图

（三）结束部分（3分钟）

教师引导语："小队员们真勇敢！不仅避开了所有的陷阱，还成功搜集并保护好海底炸弹。接下来让我们一起放松身体吧！"

（1）听音乐随教师一起做放松拉伸（调整呼吸，进行头部、上肢、腰腹、下肢等部位的运动）。

（2）教师和幼儿收拾器械离场。

有趣的变向

深圳市宝安区机关幼儿园 余纪圆

一、活动名称

有趣的变向

二、活动目标

1. 提高幼儿上下肢力量和核心力量。

2. 提升幼儿的动作协调性、身体敏捷性。

3. 培养幼儿团队合作意识和竞争意识，让幼儿体验运动的乐趣。

三、活动准备

器械准备：海绵棒 2 根、双色标志筒若干、大积木若干、小泡沫垫若干、敏捷圈若干、海洋球若干、收纳箱 2 个、跨栏 2 个、标志杆 3 根、标志杆（带底座）4 组、标志碟若干。

经验准备：幼儿已有正向爬、侧爬、倒退爬、侧滑步、正向踏进踏出等动作经验。

四、活动过程

（一）开始部分（4 分钟）

（1）幼儿分两组分别绕标志筒慢跑，听到口哨声后快速反应做变向跑、变向侧滑步（配课教师同时在两组区域中间手握海绵棒做扫描状，高处幼儿钻过，低处跨过）。

（2）幼儿踏步成 6 列纵队，随音乐做徒手操。

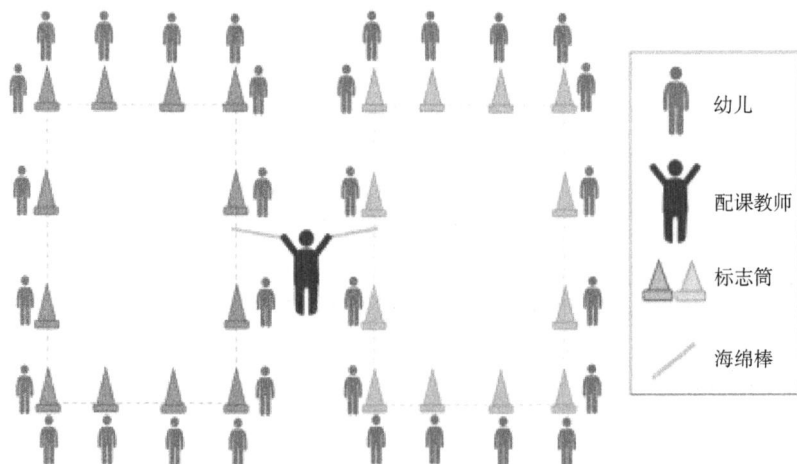

图 8-33　课前热身活动示意图

图例：
- 幼儿
- 配课教师
- 标志筒
- 海绵棒

（二）基本部分（18 分钟）

1. 分组练习：谁是小小运动员（8 分钟）

教师引导语："运动会即将开幕，只有通过各项训练，才能成为真正的小小运动员。"

（1）A 组：变向爬行 + 加速跑。

①幼儿在起始线后站成 3 列纵队。

②教师讲解动作要领，并请幼儿示范：双手双脚着地，障碍物在身体下方。爬行过程中需注视移动方向，一侧手和对侧脚同时抬起并向前移动，随后另一侧手和对侧脚按相同方向移动完成爬行（组合动作包括正向爬、侧爬、倒退爬）。完成爬行后，起身快速跑向标志筒。

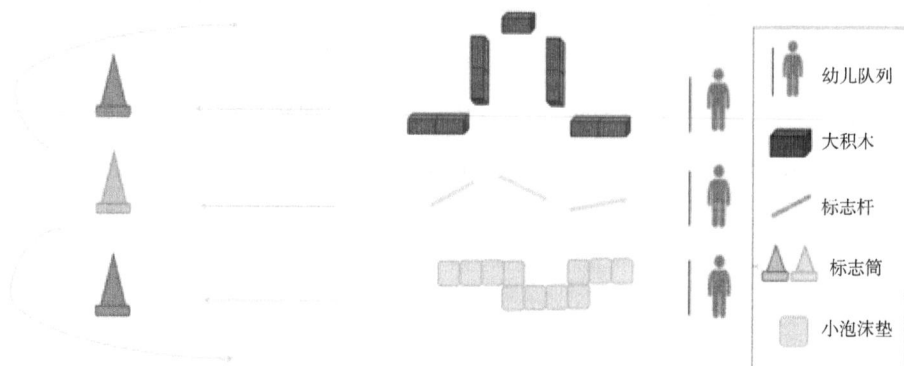

图 8-34　"变向爬行 + 加速跑"练习示意图

（2）B 组：侧身踏进踏出 + 折线侧滑步。

①幼儿在起始线后站成 3 列纵队。

②教师讲解动作要领，并请幼儿示范：侧身站立，双脚交替快速踏进圈内，随后快速踏出。依照同样的方法，依次踏进其他的圈，过程中保持身体稳定，同时配合手臂自然摆动。完成踏圈动作后，迅速移步至标志筒处进行侧滑步。侧滑步时两膝微屈，两臂侧伸，启动脚脚尖朝向移动方向。移动过程中，遵循异侧脚先蹬地发力，启动脚同时跨出，异侧脚随即跟上的顺序，始终保持身体重心平稳。

（3）A、B两组交换练习，教师观察幼儿运动情况，调动幼儿情绪，纠正幼儿错误动作。

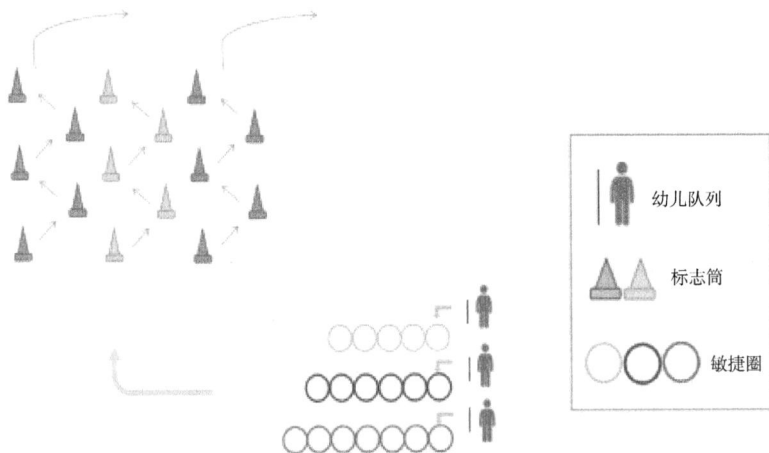

图 8-35　"侧身踏进踏出 + 折线侧滑步"练习示意图

2. 大循环：运动会大比拼（6分钟）

教师引导语："小运动员们都顺利通过了各项训练，接下来，将要在运动会正式比赛中为组争光，比一比哪一组收集的'能量球'最多。"

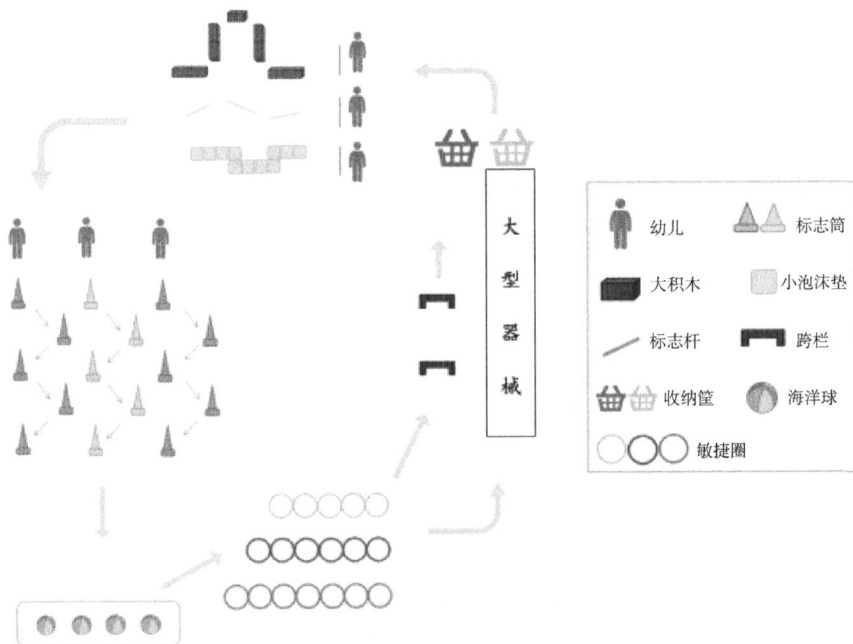

图 8-36　"运动会大比拼"活动示意图

（1）教师讲解动作要领及比赛规则，并请幼儿示范：变向爬行→折线侧滑步→收集"能量球"→侧身踏进踏出→通过大型器械（跨栏）→到达能量仓库，完成一个大循环。

（2）幼儿在各器械后站队出发，进行鱼贯练习，教师观察幼儿运动情况，调动幼儿情绪。

（3）幼儿分别点数两组"能量球"的数量，之后教师进行小结。

3.游戏：抢占先锋接力赛（4分钟）

教师引导语："接下来进行接力赛，看看哪一组能用最快速度在标志杆上套入最多数量的标志碟。"

（1）幼儿在起始线后站成4纵队，教师讲解游戏规则，由幼儿示范：运动员手持标志碟从起始线①号标志筒出发，快速跑到②号标志筒，再做侧滑步至标志杆，将标志碟套入标志杆，接着快速转身跑至③号标志筒，把标志碟交给下一名运动员，下一名运动员接过标志碟后出发。

（2）接力赛开始，教师观察幼儿运动情况。

（3）两组幼儿分别点数各自组内标志碟的数量。

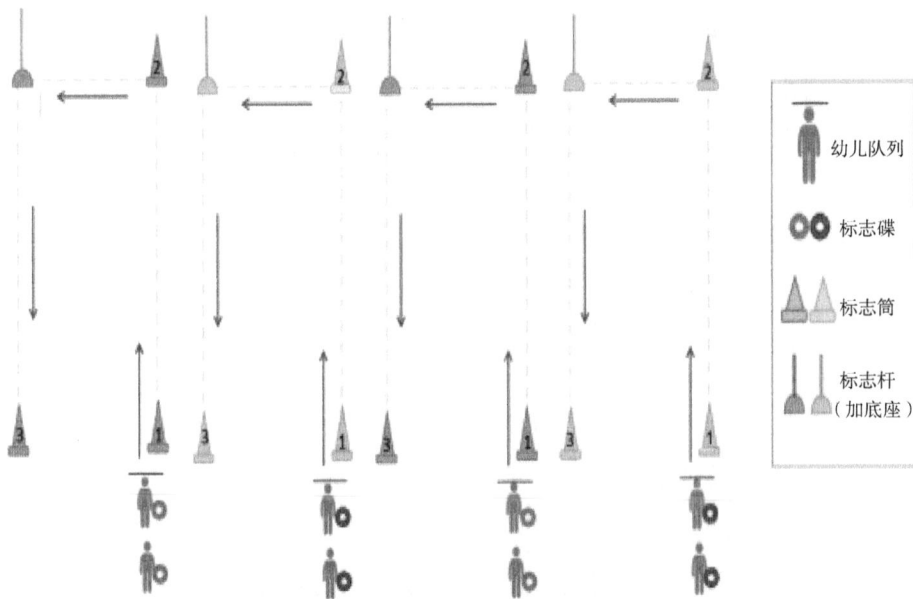

图 8-37　"抢占先锋接力赛"游戏示意图

（三）结束部分（4分钟）

（1）跟随音乐，教师一边做总结一边带领幼儿做放松拉伸（调整呼吸，拉伸手腕、手臂、颈部、腰部、大腿内侧等部位）。

（2）教师和幼儿收拾器械离场。

足球运动会

深圳市宝安区机关幼儿园 郑美欣

一、活动名称

足球运动会

二、活动目标

1.提升幼儿下肢力量和身体灵敏度。

2.帮助幼儿掌握控球技巧。

3.让幼儿体会足球游戏的乐趣，培养幼儿参与足球游戏的兴趣。

三、活动准备

器械准备：足球若干、足球框4个、响铃圈20个、雪糕筒20个、跨栏4个。

经验准备：幼儿已有折线跑、一步一踢动作经验。

四、活动过程

（一）开始部分（3分钟）

1.幼儿绕场地慢跑。

2.随音乐做徒手操（重点拉伸下肢）。

（二）基本部分（15分钟）

1.第一次练习：环形折线跑（5分钟）

教师引导语："动物王国要开足球运动会啦！狮子大王邀请小朋友们去参加，不过必须通过挑战才可以拿到入场券。下面我们进入足球场开始练习本领，请运动员们上场做好准备！"

（1）幼儿在相向的起始线后站成4队。

（2）教师讲解动作要领，并请幼儿示范：采用站立式起跑姿势，听到指令后，向指定位置跑动。跑动过程中，要注意正确摆臂。跑至目标点后，将帽子套到雪糕筒上，迅速转身，跑向下一个目标位置（离目标物近的手套圈）。依次完成所有目标点的任务后，回到队伍末尾。

（3）幼儿进行鱼贯练习，教师观察幼儿运动情况，调动幼儿情绪，纠正幼儿错误动作。

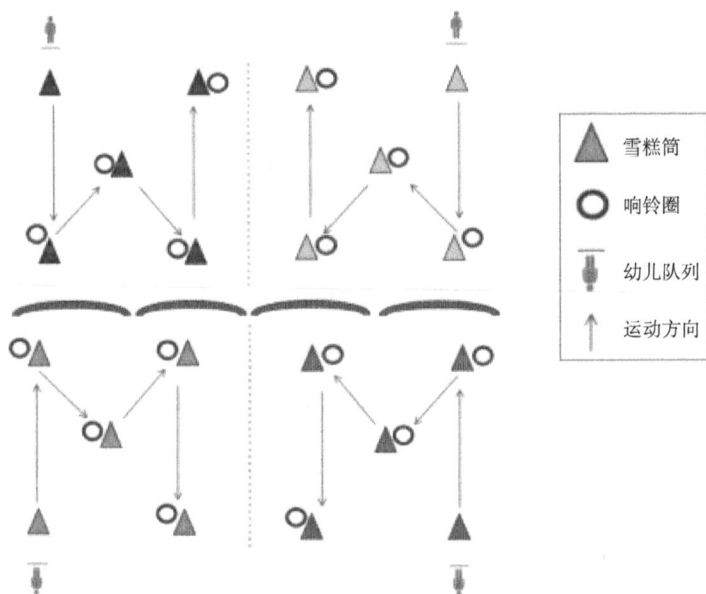

图 8-38 "环形折线跑"练习示意图

2. 第二次练习：一步一踢 + 踩停（5分钟）

教师引导语："小小运动员们都非常厉害，恭喜你们第一关挑战成功，接下来进入我们的第二个挑战——脚背直线运球 + 踩停。下面请一位小运动员来做示范。"

（1）幼儿每人持一球，在相向的起始线后站成4队。

（2）教师讲解动作要领，并请幼儿示范。

（3）幼儿进行鱼贯练习，教师观察幼儿运动情况，调动幼儿情绪，纠正幼儿错误动作。

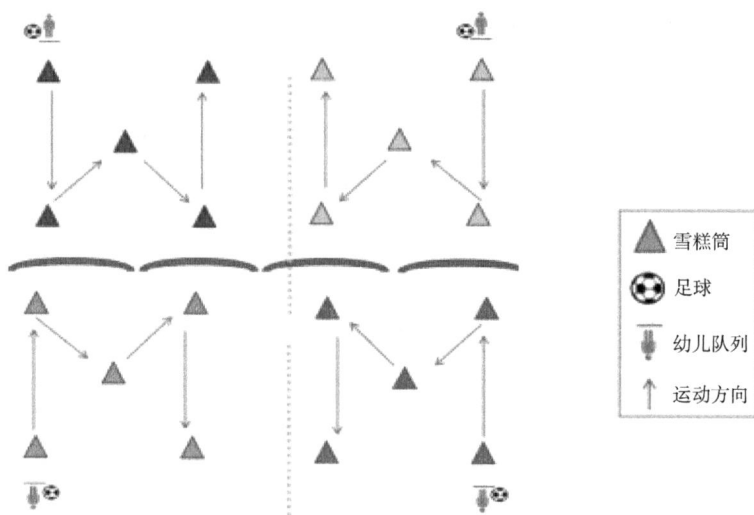

图 8-39　"一步一踢＋踩停"练习示意图

3. 游戏：拼抢足球赛（5分钟）

教师引导语："小运动员表现得十分出色，真了不起！现在，我们将进入最后一项团队竞赛。在本次竞赛中分数最高的小组，将代表我们去参加足球运动会。"

（1）教师讲解游戏规则，并请幼儿示范：小运动员们分成四组，两两进行竞抢。活动前定好四位小组长，由小组长带领组员前往相应位置准备比赛。

（2）幼儿跟随音乐开始游戏，教师从两侧发球并观察幼儿运动情况。

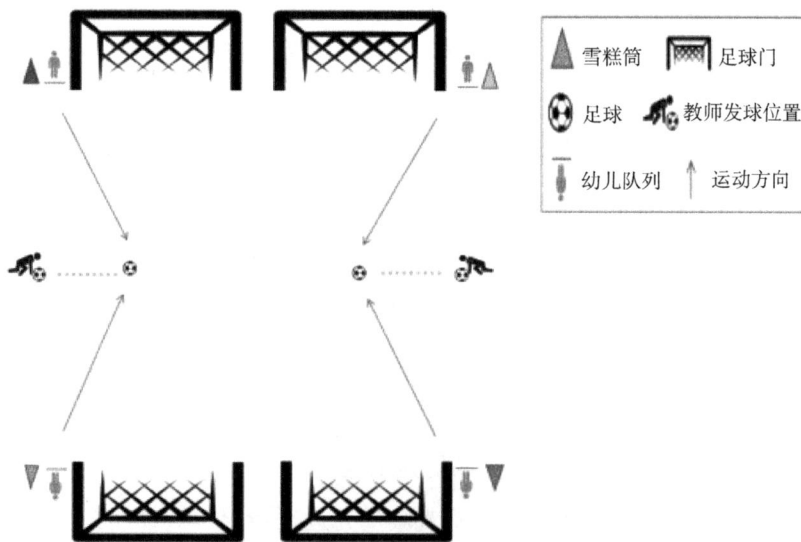

图 8-40　"拼抢足球赛"示意图

（三）结束部分（3分钟）

（1）跟随音乐，教师带领幼儿做放松拉伸（调整呼吸，拉伸颈部、手臂、腰部、腿部等部位）。

（2）教师和幼儿收拾器械离场。

第九章　跳舞的小蛇

第一节　小班

小猫伸懒腰

深圳市宝安区机关幼儿园（集团）兰乔幼儿园　梁朵朵

一、活动名称

小猫伸懒腰

二、活动目标

1.通过模仿小猫伸懒腰的动作，增强幼儿的身体柔韧性、协调性及平衡能力和身体控制能力。

2.让幼儿认识并理解"伸懒腰"这一动作，以及它对身体的好处。

3.让幼儿在游戏中感受运动的乐趣，激发幼儿对体育活动的兴趣。

三、活动准备

器械准备：音乐播放器及轻松愉悦的背景音乐、瑜伽球（手能触碰到地面为宜；如果球大适当放掉一些气）、体操垫。

四、活动过程

（一）开始部分（3分钟）

热身运动。

小猫走路：播放轻快的音乐，引导幼儿模仿小猫轻轻地、脚尖着地走路，绕场一周进行热身。

小猫洗脸：双手做洗脸动作，活动手腕和手指，为接下来的活动做准备。

（二）基本部分（13分钟）

1. 手臂伸展＋腰部扭转＋腿部拉伸（5分钟）

情景导入：早晨，太阳的光芒照在小猫的身上，小猫醒来后，舒服地伸了一个懒腰。

教师提问："小猫醒来后做了什么动作？小猫为什么喜欢伸懒腰？我们来一起学学小猫伸懒腰吧。"

教师简单介绍小猫伸懒腰的好处，引发幼儿的兴趣，并示范讲解小猫伸懒腰的动作。老师边示范边强调要慢慢伸展手臂、腿部，感受身体的拉伸和放松。

（1）分步学习。

手臂伸展：双手向上伸直，尽量往上够，感受手臂的拉伸。

腰部扭转：双手放在腰间，轻轻左右扭转腰部，感受腰部的灵活性。

腿部拉伸：一脚向前迈出一步，身体前倾，感受后腿的拉伸，然后换另一条腿进行。

（2）集体练习。

在老师的带领下，幼儿随着音乐节奏进行小猫伸懒腰的练习。

（3）自由发挥。

鼓励幼儿根据自己的想象，自由创造小猫伸懒腰的不同姿势，并分享给同伴看。

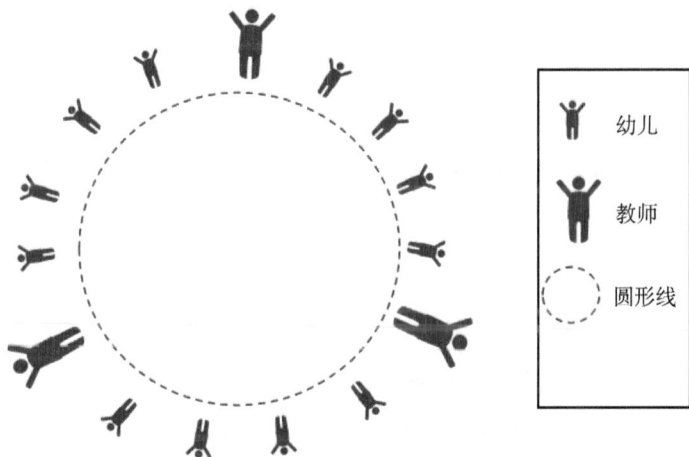

图9-1　"手臂伸展＋腰部扭转＋腿部拉伸"练习示意图

2.全身拉伸＋身体控制（5分钟）

情景导入：教师手拿瑜伽球说，"孩子们，你们知道吗，小猫不仅喜欢伸懒腰，还喜欢在球上伸懒腰。有时候会轻轻地坐在球上摇晃身体；有时候双手扶住球，小心翼翼地绕着球走；有时候会趴在球上，伸长双手和双腿。今天，我们也来学学聪明又灵活的小猫，一起来和瑜伽球玩玩吧！"

在教师的引导下，孩子们开始模仿小猫的样子，有的小心翼翼地坐在瑜伽球上，感受着身体的平衡与摇摆；有的则双手支撑在瑜伽球上，尝试双脚跳起；有的直接趴在瑜伽球上，一开始有些不稳，但很快就找到了平衡点和控制身体的方法。

小猫伸懒腰示范讲解：教师先示范小猫伸懒腰的动作，强调要慢慢伸展手臂、腿部，感受身体的拉伸和放松。感觉快要倒或者不舒服时迅速做出反应，如用手臂支撑身体、迅速翻滚等可以减少伤害。

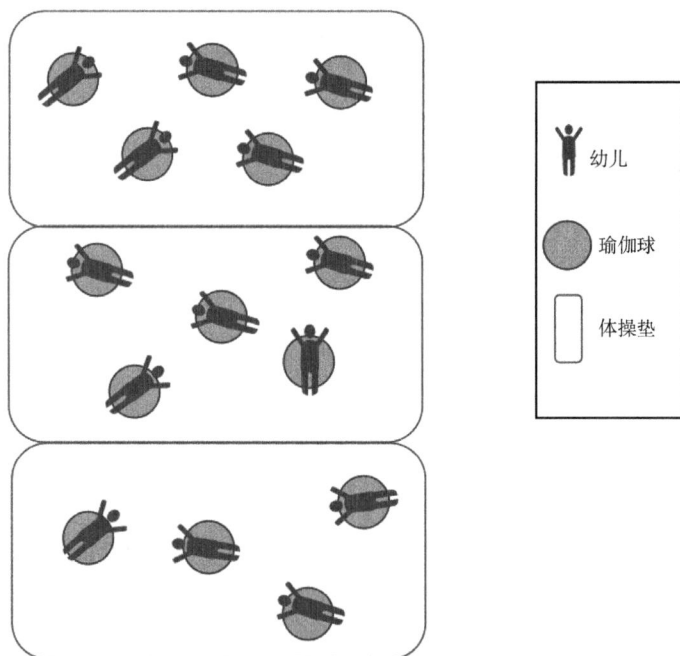

幼儿

瑜伽球

体操垫

图9-2 "全身拉伸＋身体控制"练习示意图

3.游戏：小猫找宝藏（3分钟）

小猫伸完懒腰后，想去山洞里寻找宝藏。不过小猫需要完成以下动作才能找到宝藏，如伸手拉下空中悬挂的小球、扭转腰部转动旋转球、进行跨步跳等。小猫成功找到宝藏后，需带着宝藏返回起点，把宝藏放入老师身边的筐里。

（三）结束部分（4分钟）

（1）放松活动。

小猫休息：播放轻柔的音乐，引导幼儿模仿小猫躺在体操垫上，慢慢放松身体，深呼吸，感受身体的舒适与放松。

（2）教师和幼儿共同收拾器械。

小兔拔萝卜

深圳市宝安区新安幸福海岸幼儿园　陈萍

一、活动名称

小兔拔萝卜

二、活动目标

1. 提高幼儿身体的灵活性和肌肉韧带的伸展能力。

2. 锻炼幼儿的肢体协调性和腹部柔韧性。

3. 培养幼儿的合作意识和团队精神。

三、活动准备

器械准备：溜溜布2条、仿真萝卜若干个、筐4个、移动音箱、各环节音乐。

经验准备：幼儿已有坐姿横叉动作经验。

四、活动过程

（一）开始部分（3分钟）

（1）幼儿绕场地慢跑两圈后小跑步站成4列纵队。

（2）随音乐做热身运动（重点活动下肢及身体核心部位）。

（二）基本部分（19分钟）

1. 小兔们分组前往萝卜地拔萝卜（7分钟）

教师引导语："小兔子们，我们一起去拔萝卜啦！第一关，我们要经过彩虹桥，可彩虹桥上有障碍物，只有跨过障碍物，我们才能到达终点，顺利拔到萝卜。"

（1）教师讲解动作要领，并请幼儿示范：坐姿横叉，需双腿伸直并打开，勾脚尖，同时手臂伸直，掌心向外做"推"的动作，以此感受大腿内侧肌肉的拉伸感。

（2）将小兔子们按颜色分成两组。蓝兔组坐在溜溜布上，坐姿呈横叉状态。粉兔组在起始线后站成两队，跨过蓝兔组去拔萝卜。

（3）小蓝兔与小粉兔交换练习。

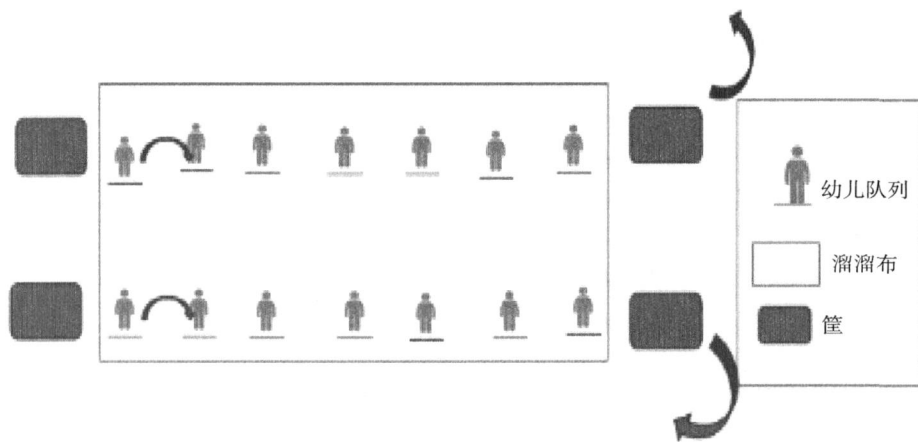

图9-3　"分组拔萝卜"活动示意图

2. 小兔们用脚夹萝卜（6分钟）

教师引导语："小兔子们，我们一起来跟萝卜玩个游戏吧。"

（1）小蓝兔与小粉兔两人为一组，面对面在溜溜布上仰卧。接着屈膝，双手置于膝关节下部，然后双手向胸前和肩部牵拉双膝，使身子离开垫子。此时，双脚夹住放置在一旁的萝卜，看哪一组坚持的时间久。

（2）两组同时练习，教师观察幼儿练习情况，鼓励幼儿坚持。

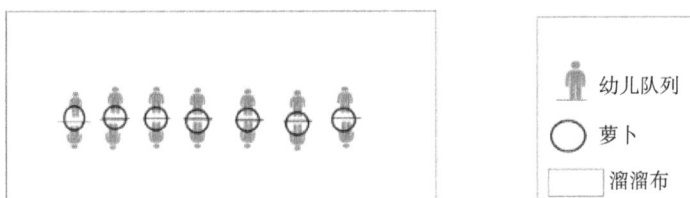

图9-4　"用脚拔萝卜"比赛示意图

3.游戏：比一比谁拔的萝卜多（6分钟）

教师引导语："兔妈妈又发现了一块萝卜地，里面长满了萝卜，咱们一起去拔萝卜吧。"

（1）幼儿站到两条溜溜布外，溜溜布里铺满了萝卜。

（2）教师讲解游戏规则："音乐响起时，大家可以将溜溜布内的萝卜拔取并放到自己组的筐里；音乐停止时，大家必须停止行动。最后看看哪一组拔到的萝卜最多。"

（3）游戏开始，教师当裁判同时观察游戏情况，及时鼓励幼儿。

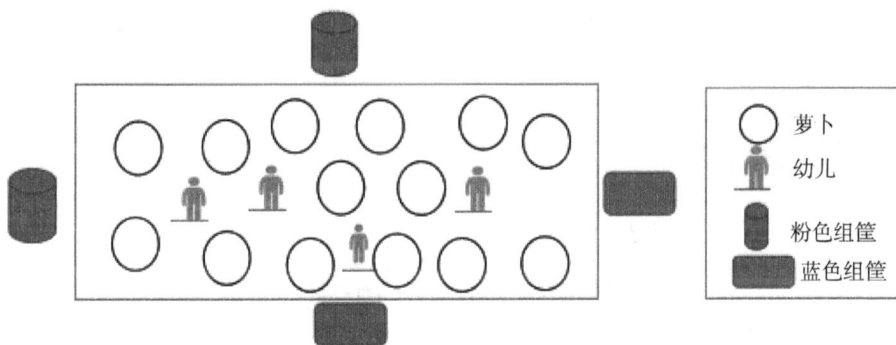

图9-5　"比一比谁拔的萝卜多"游戏示意图

（三）结束部分（3分钟）

教师引导语："恭喜小兔子们今天收获满满，拔到了好多萝卜，等会儿回家就可以品尝美味的萝卜了。"

（1）幼儿跟音乐随教师一起进行身体各部位拉伸放松（重点放松下肢及身体核心部位）。

（2）教师和幼儿一起收拾器械离场。

神奇的魔法绳

深圳市宝安区机关幼儿园　江欢

一、活动名称

神奇的魔法绳

二、活动目标

1. 练习螃蟹爬、小鸭走动作，增强幼儿的腿部肌肉力量。

2. 尝试探索绳子的多种玩法，发展幼儿的创造性，体验绳子带来的乐趣。

3. 通过游戏"炒黄豆"，提升幼儿的关节柔韧度。

三、活动准备

器械准备：人手一根 50cm 体操小绳子、山洞 3 个。

经验准备：幼儿已初步学习四肢爬、下蹲走的动作要领，已学过"炒黄豆"儿歌。

四、活动过程

（一）开始部分（3 分钟）

（1）教师带领幼儿绕场地进行慢跑两大圈，随后在场地内找空位站好。

（2）随音乐做热身操（重点拉伸下肢）。

（二）基本部分（12 分钟）

1. 螃蟹爬＋钻山洞（3 分钟）

教师引导语："我有神奇的魔法，能把小朋友们变成小螃蟹。今天，螃蟹妈妈要带小螃蟹们去大海里玩耍，可是大海里有魔法绳，咱们一起来看看螃蟹宝宝们怎样穿过这些魔法绳，才不会被绑住。"

（1）幼儿在起始线后站成 3 列纵队。

（2）教师讲解要领，并请一名幼儿示范。

①螃蟹爬：双手、双脚着地支撑身体，往侧边移步走，像螃蟹走路一样。

②钻山洞：一只脚先跨过山洞，双手环抱胸前，身体弯腰钻过去，另一只脚再迈过山洞。

（3）幼儿进行鱼贯练习，教师观察幼儿运动情况，调动幼儿情绪，纠正幼儿错误动作。

2.小鸭走＋钻山洞（3分钟）

教师引导语："螃蟹宝宝们真厉害！这会儿老师的魔法又把小螃蟹们变成了小鸭子，让我们来看看小鸭子是怎么穿过魔法绳的吧。"

（1）教师讲解动作要领，并请幼儿示范：身体下蹲，双手向身体两侧平举，像小鸭子走路一样，向前慢步行进。

（2）幼儿进行鱼贯练习，教师观察幼儿运动情况，调动幼儿情绪，纠正幼儿错误动作。

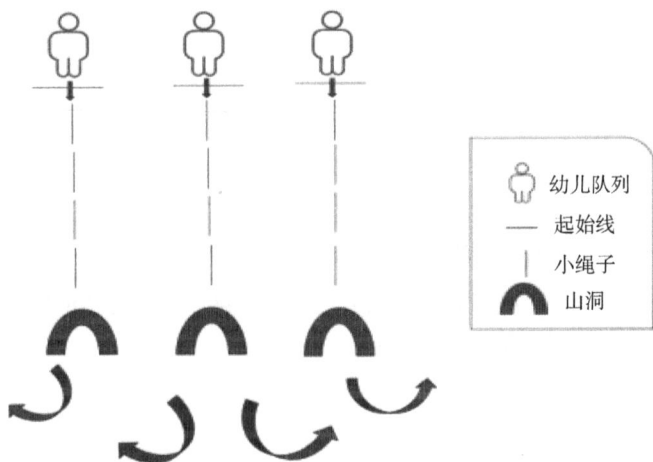

图 9-6　"螃蟹爬＋钻山洞"和"小鸭走＋钻山洞"练习示意图

3.自由玩绳子（3分钟）

教师引导语："恭喜小螃蟹、小鸭子宝宝们顺利穿过魔法绳，没有被绑住。神奇的魔法绳还有哪些奇妙的魔法等着我们呢？让我们接着探索吧。"

（1）幼儿自由玩绳子，教师鼓励幼儿创造新的玩法及合作玩绳子。

（2）集中幼儿，请幼儿分享创意玩法。

4.游戏：炒黄豆（3分钟）

教师引导语："老师也创造出了一个新的玩法，看，魔法绳变成了炒黄豆。"（请配课教师协助示范）。

（1）请幼儿两人一组，手拉手、面对面站好，边念儿歌"炒，炒，炒黄豆，黄豆熟了翻跟斗"，边左右晃动手臂做炒黄豆的动作。

（2）儿歌结束时，两人向同一侧翻转身体，变成背对背姿势，游戏继续。接着，以同样玩法，从背对背姿势翻转回面对面姿势，循环往复。

（3）幼儿自由交换组合，丰富游戏体验。

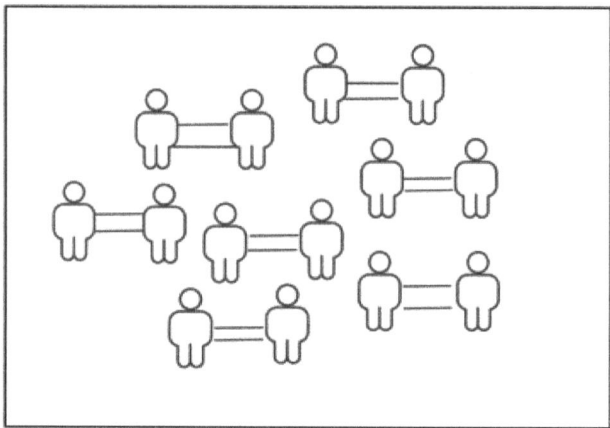

图 9-7 "炒黄豆"游戏示意图

（三）结束部分（3分钟）

（1）跟随音乐，教师带领幼儿做放松拉伸（重点做坐位体前屈，拉伸腿部）。

（2）教师和幼儿收拾器械离场。

第二节 中班

疯狂铁丝人

深圳市宝安区新安幸福海岸幼儿园 黄芳

一、活动名称

疯狂铁丝人

二、活动目标

1.帮助幼儿熟练掌握背部拱起和背部下塌的动作，提高身体的柔韧性。

2.锻炼幼儿腰腹力量，增强背部静力拉伸力量。

3.让幼儿体验到游戏"疯狂铁丝人"的趣味，并能积极愉悦地参与活动。

三、活动准备

器械准备：垫子8块、雪糕筒2个、容器2个、粮食若干、移动音箱、各环节音乐。

经验准备：幼儿已有背部拱起、背部下塌的动作经验。

四、活动过程

（一）开始部分（5分钟）

1.幼儿绕场地慢跑两圈后小跑步站成6列纵队。

2.随音乐做徒手热身操。

（二）基本部分（14分钟）

1.铁丝变形记（8分钟）

教师引导语："我是魔法师，我想邀请本领最强的铁丝人去我的魔法乐园跟我一起学习魔法。你们可以开始疯狂展示你们的本领了，看谁的本领最强。我们一起来挑战吧！"

（1）一起"猫"在这里吧。

①幼儿站在地垫一侧。

②教师讲解动作要领，并请幼儿示范：4—5位幼儿为一组，在垫子上呈俯跪姿势，模仿猫的动作，使背部向上拱起。

教师引导语："疯狂铁丝人们要开始模仿小猫的造型啦，看看谁模仿得更像！音乐响起时，小朋友们可以自由地找一处地垫位置；音乐结束时，就立刻摆出小猫造型，魔法师会来评判谁的小猫造型最出色。"

教师小结："大家的小猫造型都太标准了，全部通过。"

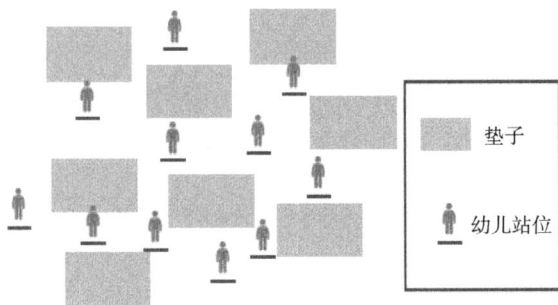

图9-8　"铁丝变形（一起'猫'在这里吧）"活动示意图

（2）小马过河。

①幼儿在起始线后站成4列纵队。

②教师讲解动作要领，并请幼儿示范：幼儿分成4组，呈俯跪姿势，背部下塌，模仿小马动作，向前移动，从小桥上方顺利过河。（循环练习）

教师小结："铁丝猫和小马的造型大家都完成得非常标准，不过魔法乐园场地比较小，没办法容纳这么多铁丝人。我们一起来一场PK赛，获胜者将能一起前往魔法乐园。"

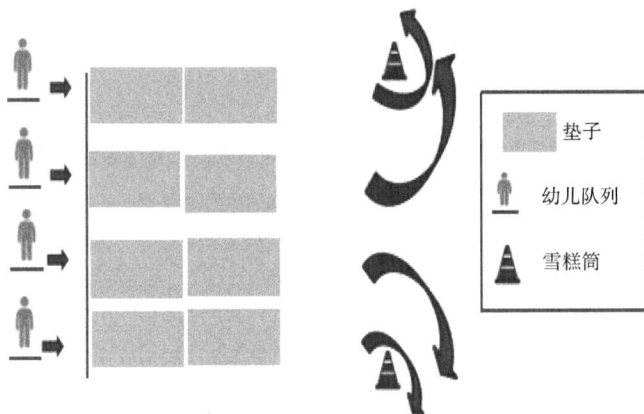

图9-9　"铁丝变形（小马过河）"活动示意图

2.游戏：动物运粮赛（6分钟）

教师引导语："欢迎来到运粮赛现场，想取得胜利，就展示你们的本领吧！"

（1）幼儿分成A、B两组，以地垫为起点，爬过小河拿到粮食跑着运回粮仓。（A组扮演猫、B组扮演小马）

（2）教师讲解游戏规则：两队分别站在地垫起点处，前面队员离开地垫后，后面的队员才能出发。

（3）游戏进行，教师当裁判同时观察游戏情况，及时鼓励幼儿。

（4）两组角色交换。

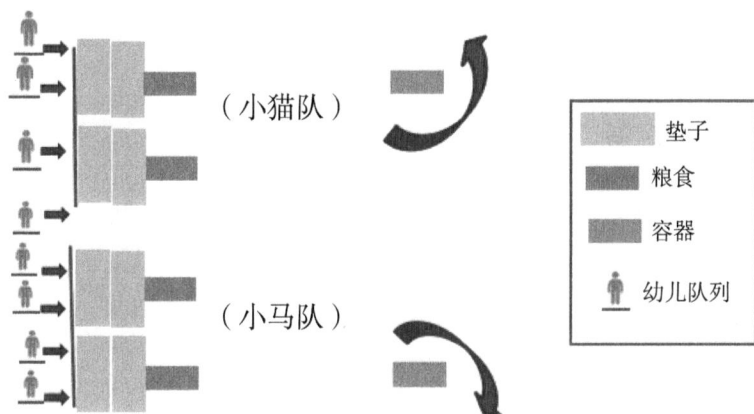

图9-10　"动物运粮赛"游戏示意图

（三）结束部分（5分钟）

教师引导语："恭喜铁丝人们挑战成功，取得进入魔法乐园的资格。不过魔法乐园场地有点小，我们需要把场地扩建一下。在扩建场地之前，我们先煮点面条来吃吧，吃饱了才有力气呀！"

（1）煮面条。

跟随音乐开始"煮面条"游戏，通过游戏让身体各部位拉伸放松。依次活动左手、右手、左脚、右脚，接着转身变为俯卧姿势，活动腰部（每个动作反复进行2—3次）。

（2）教师和幼儿一起收拾器械离场。

智斗小怪兽

深圳市宝安区新安幸福海岸幼儿园　杨保青

一、活动名称

智斗小怪兽

二、活动目标

1. 引导幼儿了解并掌握拉伸腹部的基本要领，锻炼幼儿的腹部力量。

2. 借助情景练习，帮助幼儿实现腹部拉伸的实践操作。

3. 凭借多样化的活动设计，让幼儿在运动中感受快乐。

三、活动准备

器械准备：呼啦圈若干、海绵沙包若干、雪糕筒若干、面条棒 1 根、移动音响、各环节音乐。

经验准备：幼儿已有投掷的经验。

四、活动过程

（一）开始部分（3 分钟）

幼儿跟着音乐《唤醒小身体》做徒手操。首先，幼儿分成 4 个纵队；接着，双手向上伸直并拢，向身体左侧旁平举；然后身体向右侧弯曲；再向前弯腰，接着向后仰；再转动腹部；随后蹲下来，最后屁股坐在脚后跟上，身体向后仰。（以上动作可重复）

（二）基本部分（15 分钟）

1. 逃出陷阱（9 分钟）

教师引导语："今天你们都是小妖怪，我就是抓妖怪的人，不想被我抓到的小妖怪，得掌握躲避我的本领，我们先来学习本领吧。请小朋友分成 A、B、C 三组。"

（1）A 组：捉妖陷阱。

①幼儿站在起始线后等待。

②教师讲解动作要领，并请幼儿示范。

投掷：左脚在前，右脚在后，面朝 45° 方向，左手伸直在前，五指并拢，右手手持沙包，手肘弯曲约 90°，提肩引拉，扔出沙包瞬间，左手自然下摆。

拉伸腹部：在垫上跪立，脚尖向后，双手扶在臀部，形成背弓，臀部肌肉收缩送髋。呼气，加大背弓，头后仰，张口，逐渐把双手滑向脚跟。

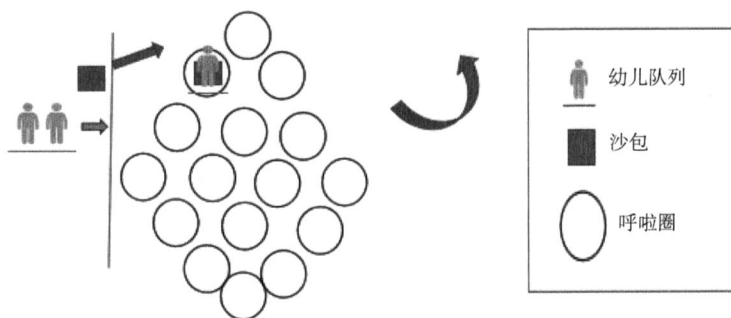

图 9-11　"捉妖陷阱"活动示意图

（2）B组：接力逃妖。

①幼儿站在起始线后等待。

②教师讲解动作要领，并请幼儿示范。

走：将呼啦圈放在身体前方，双脚并拢，左右脚依次交替向前走。行走过程中脚跟微微离开地面。

拉伸腹部：在垫子上跪立，脚尖向后，双手扶在臀部，形成背弓，臀部肌肉收缩送髋。呼气，加大背弓，头后仰，张口，逐渐把双手滑向脚跟。

图 9-12　"接力逃妖"活动示意图

（3）C组：金箍棒捉妖。

①幼儿站在起始线后等待。

②教师讲解动作要领，并请幼儿示范。

侧身移动：侧身自然站立，左脚在前，右脚在后，左脚脚尖朝向终点方向，双臂张开，膝盖微屈半蹲，左脚发力蹬地，右脚紧跟其后，朝着终点位置行进。

拉伸腹部：在垫上跪立，脚尖向后，双手扶在臀部，形成背弓，臀部肌肉收缩送髋。呼气，加大背弓，头后仰，张口，逐渐把双手滑向脚跟。

（4）A、B、C三组交换练习，教师观察幼儿运动情况，鼓励幼儿大胆挑战。

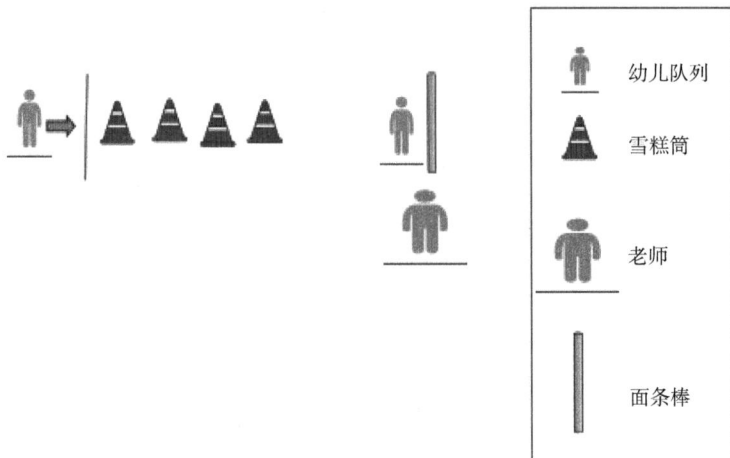

图9-13　"金箍棒捉妖"活动示意图

2.游戏：智斗小妖怪（6分钟）

教师引导语："恭喜小妖怪们都没有被陷阱困住。想要成功躲开被抓，就展示你们的本领吧！"

（1）教师进行示范并讲解动作，幼儿跟随学习，教师检查幼儿拉伸腹部的动作是否标准。

教师引导语："我要来抓小妖怪了，如果不想被我抓到，就得做腹部拉伸的动作，这样就会立马变成隐身的小妖怪，我就抓不到你了。"

（2）幼儿分成两队，分别扮演抓小妖怪的人和小妖怪。抓小妖怪的人需要检查小妖怪的动作是否标准，小妖怪则需要做好标准动作，若小妖怪的动作标准没被抓到，即为获胜。

（3）教师讲解游戏规则：两队分别站在场地两端，游戏伴随着音乐开始。游戏过程中，依次互换角色，循环进行。

（三）结束部分（2分钟）

教师引导语："恭喜小妖怪们都没有被抓走，现在我们跟随音乐来放松身体吧！"

（1）跟随教师，伴随着音乐一起进行身体各部位拉伸放松（重点放松下肢及身体核心部位）。

（2）教师和幼儿一起收拾器械离场。

动物比赛

深圳市宝安区机关幼儿园（集团）金成时代幼儿园 周敏

一、活动名称

动物比赛

二、活动目标

1. 引导幼儿通过模仿小猫和小马的动作，有效提高身体的柔韧性。

2. 借助双手抓单杠活动，提升幼儿的身体力量以及身体的稳定性。

3. 让幼儿在"动物比赛"游戏中体验成功的喜悦，增强自信心。

三、活动准备

器械准备：垫子8条、2条2米长的单杠、海洋球若干、4个筐子。

经验准备：幼儿已掌握双手抓单杠的动作要领。

四、活动过程

（一）开始部分（5分钟）

（1）幼儿听着音乐随教师绕场地慢跑两圈后，在场地内踏步站成6列纵队。

（2）幼儿随音乐做徒手拉伸操，依次对头部、腹部、大腿前部、腰部等部位拉伸。

（二）基本部分（20分钟）

教师引导语："今天我们要去参加森林运动会，本次运动会要求模仿小猫和小马的动作，模仿得最像的小组获胜。小朋友们分成A、B两组，A组模仿小猫，B组模仿小马，当听到口哨声响起，A、B两组交换动作进行练习。"

1. 小猫、小马动作模仿（8分钟）

（1）A组请幼儿示范动作，教师同步讲解动作要领：幼儿呈俯跪姿势，模仿猫的动作，背部向上拱起，往前移动。

（2）B组请幼儿示范动作，教师同步讲解动作要领：幼儿呈俯跪姿势，模仿马的动作，背部下塌，往前移动。

（3）幼儿分成4组进行鱼贯练习，教师观察幼儿运动情况，指导幼儿动作，及时鼓励幼儿。

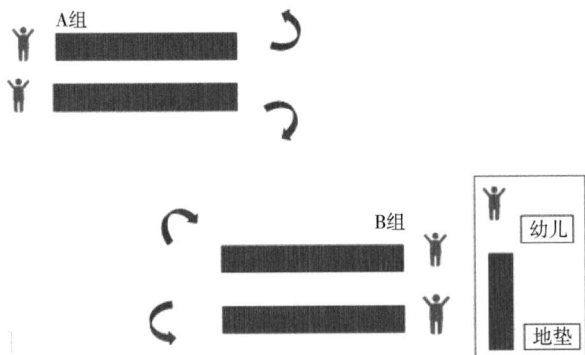

图9-14 小猫、小马动作模仿练习示意图

2.模拟比赛（6分钟）

教师引导语："小朋友们，我们已经学会了小猫和小马的动作，现在要开始模拟比赛啦，看看大家能不能顺利完成！"

（1）教师讲解模拟比赛的路线，并请幼儿示范：幼儿自由选择模仿小猫或者小马的动作通过丛林，到达单杠处时，双手抓住单杠，双脚落地后，从两侧返回到起点，然后再次出发。

（2）幼儿进行模拟比赛，教师观察指导，对个别幼儿给予帮助。

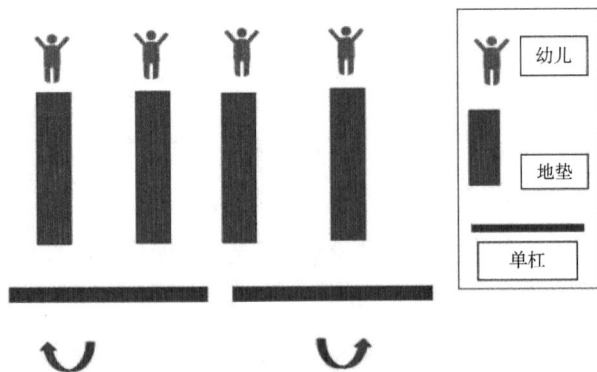

图9-15 小猫、小马动作模拟比赛示意图

3.游戏：动物比赛（6分钟）

（1）教师介绍游戏规则：我们即将正式参加比赛，比赛规则如下：参赛的小朋友需要模仿小猫和小马的动作通过丛林，到达单杠处后，双手抓住单杠，然后跳下，落地后继续往前跑，拿到食物迅速返回起点，接着再次出发。在5分钟之内，大家取完所有的食物即为胜利。

（2）幼儿开始游戏，教师设置5分钟的时间限制，要求幼儿在规定时间内完成游戏。

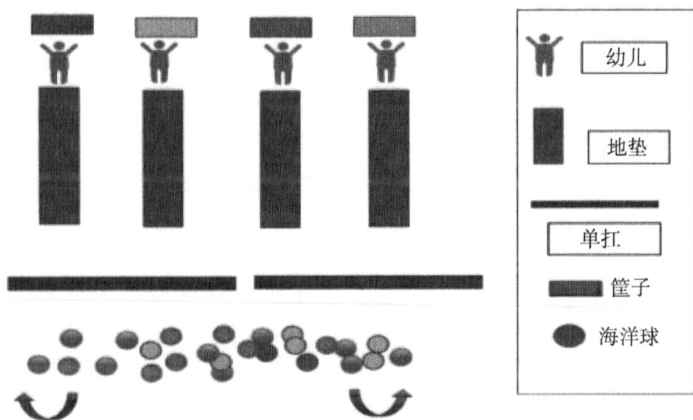

图9-16　"动物比赛"游戏示意图

（三）结束部分（2分钟）

教师引导语："恭喜小朋友们不怕困难取得了胜利，我们一起来放松一下吧！"

（1）跟随音乐，教师带领幼儿做静力拉伸（调整呼吸、颈部拉伸、手臂拉伸、腰腹部拉伸、大腿内侧拉伸等）。

（2）教师和幼儿一起收拾器械离场。

第三节　大班

南瓜抢夺战

深圳市宝安区机关幼儿园（集团）假日名居幼儿园　刘琴

一、活动名称

南瓜抢夺战

二、活动目标

1.引导幼儿通过侧身传球、上下传球、仰卧传球，锻炼核心力量，提高身体柔韧性。

2.借助"南瓜抢夺战"游戏，提升幼儿专注力，增强身体灵敏性。

3.让幼儿在活动过程中感受与同伴合作游戏的愉悦，培养团队合作意识。

三、活动准备

器械准备：篮球、体操垫12块、筐6个。

经验准备：幼儿已有侧身传球、上下传球、仰卧传球的动作经验。

四、活动过程

（一）开始部分（5分钟）

1.幼儿绕场慢跑两圈后踏步站成4列纵队。

2.随音乐做徒手热身操，依次进行颈部练习、手臂伸展、体转、站立式体前屈、手腕脚踝关节放松。

教师引导语："小朋友们，森林里的南瓜丰收了，小动物们正在收南瓜。现在邀请我们小朋友一起去帮忙，不过在帮小动物收南瓜前，我们需要先学习运南瓜的动作。"

（二）基本部分（14分钟）

1. 分组练习（6分钟）

（1）A组：侧身传球。

①幼儿两两一组，背对背分散在场地内。

②教师讲解动作要领，并请幼儿示范：两名幼儿背对背站立，双脚开立，一人手持篮球向左后转身传递，另外一个人向左后转接球，然后两人再向右转，将球从右侧传回给对方。

（2）B组：上下传球。

①幼儿两两一组，背对背分散在场地内。

②教师讲解动作要领，并请幼儿示范：两名幼儿背对背站立，双脚开立，一人手持篮球向下从两人之间的脚下传递，另一个人弯腰接球，然后双手向上举起，再将球从头顶上方传回给对方。

（3）仰卧传球。

①幼儿两两一组，面对面躺坐在体操垫上。

②教师讲解动作要领，并请幼儿示范：两名幼儿面对面躺下，双腿微屈，一人手持篮球，通过做仰卧起坐的动作将球传给对面幼儿，对面幼儿接球后做仰卧起坐再将球传回。

三组交换练习，教师观察幼儿运动情况，调动幼儿情绪，纠正幼儿错误动作。

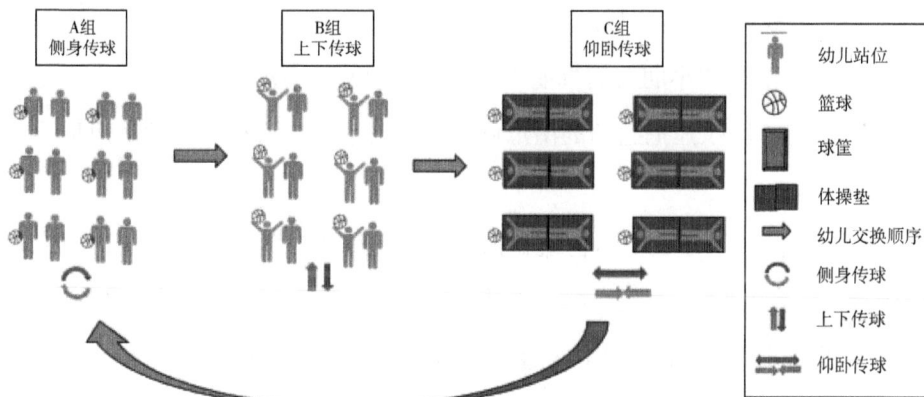

图9-17　"侧身传球、上下传球、仰卧传球"练习示意图

2.综合练习+游戏（8分钟）

（1）幼儿接力练习。

教师引导语："经过练习，大家都掌握了运南瓜的方法，接下来，我们一起去森林里帮助小动物们运南瓜吧。"

①请两名幼儿进行示范，教师引导其他幼儿认真观察并讲解注意事项，随后幼儿依次进行侧身传球、上下传球、仰卧传球，完成一个循环。

②幼儿站成4列纵队，进行接力练习，教师观察幼儿运动情况。

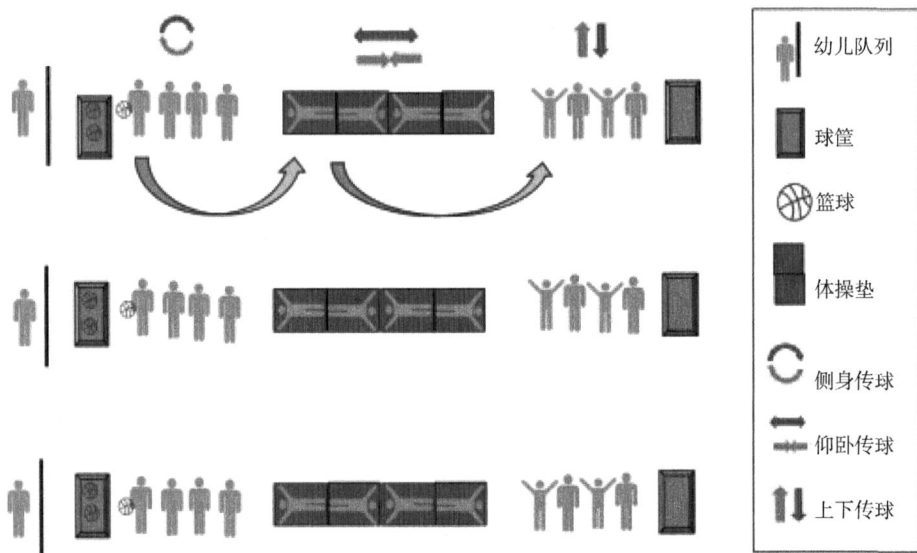

图9-18　"传球接力"练习示意图

（2）游戏：南瓜抢夺战。

教师引导语："小朋友们真能干，帮小动物们把南瓜都收起来了。可是小动物们说有一群狐狸把它们的南瓜偷走了，请小朋友帮小动物们把南瓜抢回来吧。"

玩法：将幼儿分成小动物组和狐狸组，两组相对而站。每组场地内有若干篮球（代表南瓜）。游戏开始，小动物组的幼儿要跑到狐狸组的场地内抢球，狐狸组的幼儿同样要跑到小动物组的场地抢球（抱球跑回自己的场地）。音乐停止，游戏结束，哪组场地内的球多，哪组获胜。

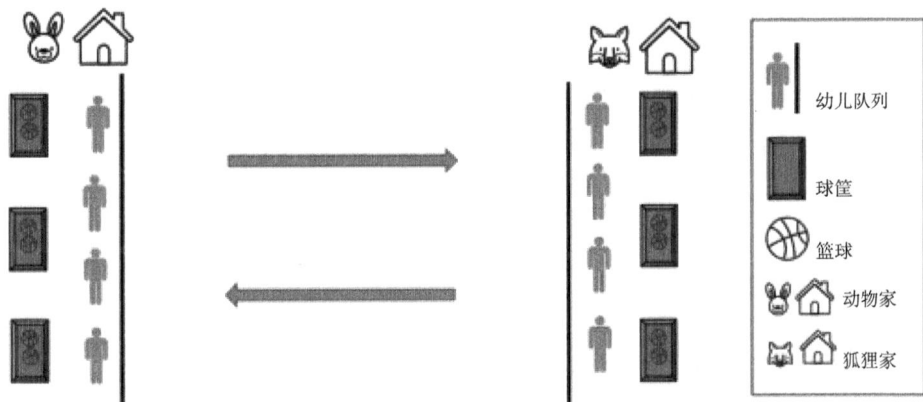

图9-19　"南瓜抢夺战"游戏示意图

（三）结束部分（3分钟）

教师引导语："小朋友们真勇敢，不仅帮小动物收南瓜，还帮它们把南瓜抢了回来。现在我们一起放松休息吧。"

（1）跟随音乐，教师带领幼儿做静态拉伸（拉伸上肢、大腿内侧、腹部、腰部等部位）。

（2）教师和幼儿收拾器械离场。

活力大闯关

深圳市宝安区机关幼儿园（集团）第五大道幼儿园　杨志芬

一、活动名称

活力大闯关

二、活动目标

1. 引导幼儿参与穿圈、扔圈、烙大饼、快乐的大象等活动，提升幼儿的柔韧性。

2. 借助"活力大闯关"情景游戏，培养幼儿团队意识及勇于挑战、合作竞争的精神。

三、活动准备

器械准备：敏捷圈 16 个、标志筒 16 个、起始线 4 条、标志碟若干、移动音箱、各环节音乐。

经验准备：幼儿已有穿绳、扔绳结、烙大饼、快乐的大象游戏经验。

四、活动过程

（一）开始部分（5 分钟）

（1）幼儿绕场地慢跑两圈后小跑步自由踩点站队。

（2）随音乐做徒手操（重点活动上下肢及身体核心部位）。

（二）基本部分（14 分钟）

4 组分队进场。

教师引导语："活力大闯关，等你来挑战！今天现场有 4 组团队参与挑战闯关，每一关，用时最短的队伍可积一分，其余队伍不积分。本次闯关关卡需要以团队形式完成，这对团队的配合度有着很高的要求。现场的队伍们，你们准备好了吗？"

（1）第一关：接力穿圈。

①教师讲解玩法及动作要领，并请幼儿示范：4 列纵队每列 8 人横排坐成一排。每组中佩戴红色标志环的队员手握一个敏捷圈，当听到开始口令后，每位队员需双手握圈，让敏捷圈依次经过双腿、臀下，移动至体后，再还原到体前。完成整套动作的队员要迅速将敏捷圈传递给下一个队员，下一个队员接力完成相同动作，最先完成传递的队伍可获得积分。

②游戏开始，教师观察幼儿游戏情况，并在游戏结束后宣布结果。

（2）第二关：看谁扔得远。

①教师讲解玩法及动作要领，并请幼儿示范：4 列纵队每列 8 人，每组队员以接力的形式站在指定线后，依次向前掷圈。在最后一名队员掷圈结束后，对比 4 组队伍掷出的圈，哪一组的掷圈最靠近终点线，该组即可获得积分。

②教师观察幼儿游戏情况，并在游戏结束后宣布结果。

（3）第三关：快乐的大象。

①教师讲解玩法及动作要领并请幼儿示范：游戏共分成两轮，每轮两组幼儿参加。两组幼儿分成两队，站在起跑线后，以模仿大象的姿势做好准备：两脚开立，上体前屈，两手撑地，两腿伸直，听到开始的口令后，迅速出发，跑至15—20米处，绕过标志物跑回，以接力形式先完成的组获胜。

②教师观察幼儿游戏情况，并在活动结束后宣布结果。

（4）第四关：烙大饼。

①教师讲解玩法及动作要领，并请幼儿示范：4列纵队每列8人，两两幼儿为一组，分别握住直径约为30厘米的小呼啦圈的两侧。两人向一侧转体的同时两手上举，形成背对背姿势，接着换不同方向重复动作。每组的两个幼儿要同步进行，以接力形式先完成的组获胜。

②教师观察幼儿游戏情况，并在游戏结束后宣布结果。

（三）结束部分（3分钟）

教师引导语："恭喜×××获得本次活动大闯关最终胜利！欢乐第一，比赛第二，在闯关的过程中，所有队伍都非常团结，非常了不起！现在让我们跟随音乐一起来尽情放轻松吧！"

（1）跟音乐随教师一起进行拉伸扭扭舞。

（2）教师和幼儿一起收拾器械离场。

桥梁建筑师

深圳市宝安区机关幼儿园（集团）金成时代幼儿园　黄晓玲

一、活动名称

桥梁建筑师

二、活动目标

1.让幼儿了解并掌握劈叉（横叉、竖叉）的动作要领，锻炼其身体柔韧性。

2.借助情境游戏开展动作练习，进一步发展幼儿的耐力。

3.帮助幼儿逐步建立团队合作关系，使其体会团队协作的乐趣与成就感。

三、活动准备

器械准备：3个篮球、1个音响、6根起止线。

经验准备：幼儿已掌握横叉、竖叉动作要领。

四、活动过程

（一）开始部分（5分钟）

（1）幼儿听音乐绕场地慢跑3圈后站成4队列。

（2）幼儿随音乐进行热身运动（着重对下肢进行练习）。

（二）基本部分（25分钟）

教师引导语："孩子们，你们知道桥是什么样子的吗？今天我们就要用双脚去搭建一座桥梁。现在，就让我们变身为一名小小建筑师出发吧！"

1.第一关：连绵桥——横叉接力（5分钟）

（1）教师讲解动作要领，并请3名幼儿示范：两腿左右开立，缓慢下叉，上体由前倾至直立，腿部逐渐接近地面。后续幼儿看到前一名幼儿做好横叉动作后，需立即上前摆出相同动作，要注意小朋友们的脚与脚紧密挨着，直至到达终点。

（2）幼儿分成3组接力练习，教师观察幼儿运动情况，指导幼儿规范动作，调动幼儿情绪。

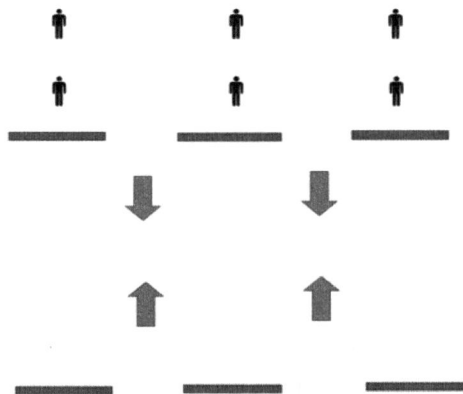

图9-20　横叉接力练习示意图

2. 第二关：横叉传球（5分钟）

教师引导语："恭喜小建筑师们成功完成了第一关的连绵桥训练，看来小建筑师们已经准备好迎接更具难度的关卡了，你们愿意接受挑战吗？接下来让我们继续加油！"

（1）教师讲解动作要领，并请3名幼儿示范：两腿左右开立，慢慢下叉，上体由前倾至直立，腿部逐渐接近地面，同时手持篮球并传递给下一名幼儿。第二名幼儿看到第一名幼儿做好横叉动作后，需立即上前摆出相同动作，接过篮球后再传递给第三名幼儿。

（2）幼儿分成3组，以接力形式到达终点，再从终点返回起点。教师观察幼儿的运动情况，指导幼儿规范动作，调动幼儿情绪，并提醒幼儿注意和同伴之间的配合。

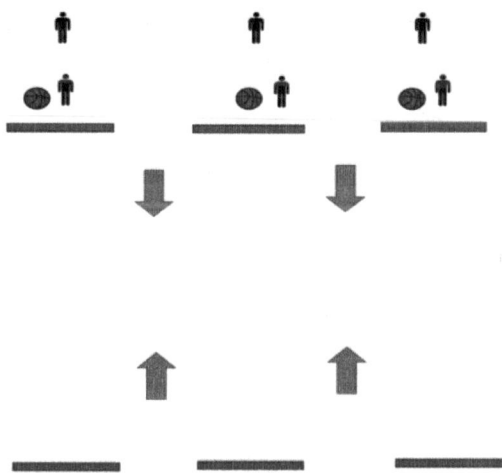

图 9-21　横叉传球练习示意图

3. 第三关：竖叉接力（5分钟）

教师引导语："小建筑师们太棒啦！第二关圆满完成！接下来是第三关，难度再次升级，大家继续全力以赴吧！"

（1）教师讲解动作要领，并请3名幼儿示范：立腰挺背，肩膀摆正，后胯紧贴地面，双手在身体两侧，指尖点地。第一名幼儿完成竖叉动作后，双脚跳至队伍后面，第二名幼儿上前接力进行竖叉动作，依次类推，动作循环直至终点。

（2）幼儿分成3组，以接力形式到达终点。教师观察幼儿运动情况，提醒安全注意事项，鼓励幼儿坚持完成动作。

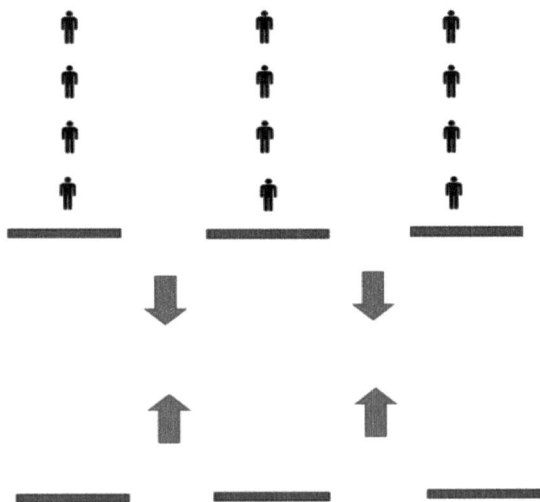

图 9-22　"竖叉接力"练习示意图

4. 自由探索游戏玩法（10分钟）

教师引导语："恭喜小建筑师们完成三座桥梁的搭建！桥梁的每一个部分都离不开所有小朋友们的努力，为你们点赞！孩子们，刚刚我们用双脚玩了很多游戏，你们想想还可以怎么玩呢？"

（1）5个小朋友为一组进行玩法讨论，教师给予指导。

（2）请每一组幼儿展示游戏玩法，如摆图形，玩木头人等。

（三）结束部分（2分钟）

教师引导语："恭喜小建筑师们不仅成功通关了，还发明了很多新玩法！下节课我们就来试试小朋友们的创意玩法。现在，我们来放松一下吧！"

（1）跟随音乐，教师带领幼儿做放松拉伸（调整呼吸、腰腹部拉伸、猫式伸展、下犬式腿部拉伸、坐位体前屈拉伸等）。

（2）教师与幼儿一起收拾器械离场。

参考文献

[1]Barnett L M., Stodden D. F., Cohen K. E., Smith J. Fundamental Movement Skills: An important focus[J]. Journal of Teaching in Physical Education, 2016, 35（3）: 219-225.

[2]Newell K M. Constraints on the Development of Coordination Revisited[J]. Journal of Sport & Exercise Psychology, 2000（22）: 3.

[3]Newell K M. Constraints on the Development of Coordination. In Wade M G, Whiting H T A,（Ed.）. Motor Development in Children: Aspects of Coordination and Control. Boston: Martinus Nijhoff, 1986: 341-360.

[4]Newell K M. Physical Constraints to Development of Motor skills[M]. In J. Thomas（Ed.）, Motor Development during Childhood and Adolescence. Minneapolis, MN: Burgess Publishing Company, 1984.

[5] 陈冬华. 学前儿童健康教育探索 [M]. 北京: 人民教育出版社, 2004: 21-24.

[6] 龚海培, 柳鸣毅, 胡雅静, 等. 体育强国背景下幼儿体育发展体系研究 [J]. 体育文化导刊, 2020（9）: 41-47.

[7]〔英〕卡罗尔·阿彻, 艾兰·斯冉杰. 学前儿童运动游戏的理论与实践: 通过运动游戏促进身体发展 [M]. 原晋霞, 等译. 南京: 南京师范大学出版社, 2020.

[8] 李芳菲. 我国幼儿身体素质变化的成因分析及对策研究——基于 2005—2014 年我国 3—6 岁幼儿的身体素质测试项目数据 [J]. 成都师范学院学报, 2020, 46（2）: 23-26.

[9] 刘金富, 魏源, 朱小烽. 幼儿园在园身体活动观察系统的建构与运动 [J]. 学前教育研究, 2016（8）: 51-60.

[10]〔日〕前桥明, 等. 幼儿体育指导（理论篇）[M]. 李战军, 等译. 北京:

北京师范大学出版社，2022.

[11] 童甜甜. 上海市 3—6 岁幼儿基本动作技能发展及运动游戏干预研究 [D]. 上海：华东师范大学，2021.

[12] 王凯珍，王晓云，齐晨晖. 当前我国幼儿体育的热点现象、问题与建议 [J]. 北京体育大学学报，2020（5）：30-38.

[13] 王占春，等. 幼儿体育教学法 [M]. 北京：人民教育出版社，1986：23-26，31-40.

[14] 庄弼，周毅，杨宁，等. 构建广东省幼儿体育活动"三维动作"内容体系的研究 [J]. 体育学刊，2019，26（2）：82-88.

[15] 柳倩，周念丽，张晔. 学前儿童健康学习与发展核心经验 [M]. 南京：南京师范大学出版社，2016.

[16] Isabelle, O., Estelle, P., Vincent, N.Effects of attentional focus on postural sway in children and adults[J]. Experimental Brain Research, 2008, 185（2）：341-345.

[17] Gallahue, D.L., Ozmun, J.C., Goodway, J.D. Understanding motor development: Infants, children, adolescents, adults[M]. 7th ed. New York, NY: McGraw-Hill，2012.